现代症候群

(美)刘墉

北京联合出版公司
Beijing United Publishing Co.,Ltd.

图书在版编目（CIP）数据

现代症候群 / （美）刘墉著. -- 北京 : 北京联合出版公司，2014.11
（刘墉作品集）
ISBN 978-7-5502-3770-4

Ⅰ. ①现… Ⅱ. ①刘… Ⅲ. ①杂文集－美国－现代
Ⅳ. ①I712.65

中国版本图书馆CIP数据核字(2014)第232122号

现代症候群
作　　者：（美）刘墉
选题策划：李夏萌
责任编辑：王　巍
封面设计：马顾本
版式设计：睿佳工作室
责任校对：范彦凤

北京联合出版公司出版
（北京市西城区德外大街83号楼9层　100088）
三河市中晟雅豪印务有限公司印刷　新华书店经销
字数113千字　870毫米×1160毫米　1/32　9.5印张
2014年11月第1版　2014年11月第1次印刷
印数1－15000
ISBN 978-7-5502-3770-4
定价：23.00元

目 录

现代症候群

纽约客谈

掰

吾家有子初长成

现代症候群

现代化，诚然不错。

但是跟着来的，就是现代病。

且如同神经官能症一样，出现各种强迫性的症状，彼此影响，

一下子全不对了，是谓之“现代症候群”！

风水书上说“屋后不能接水”，
所以别买后院有游泳池的房子……

风水症候

不知是否因为华人的热钱都流回了台湾，纽约的房地产市场，近一年来突然变得冷清，其实冷清并不表示人们都不买房子，只是像在摊子上挑水果，僧多粥少的时候，能抢到就不错；碰到供过于求，便要挑三拣四。所以房地产市场固然不兴旺，倒还挺热闹的，总听朋友说正四处为房事奔忙，趁价钱低快点买，只是看了几十栋的人不少，却难得听说哪位成交了。

有位房地产界的朋友对我说："现在卖房子难，卖房子给中国人尤其难。看几十栋之后，总算找到合意的，价钱也谈妥了，工程师更检查过房子结构了。最后签约时，却要附加一条：如果风水师说不成，还是可以解除这项买卖！"

起初我不信，直到近日春暖花开，四出活动，跟朋友接触多了，才发现中国人毕竟不同，中华文化的影响也确实深远。许多来美数十年的同胞，吃洋食、说美语，孩子个个ABC，半句中文不通，老夫妇们也可能早把中文报改成New York Times，却惟有一样仍是道道地地的中国——看风水。

我的家庭医生，最近新置百万美元宅第，却在我一进门，刚赞美他的房子宏伟时，就叹说："实际我看上的是对门那栋，价钱一样，可是没有买。"

"被别人捷足先登了？"

医师笑答："不是！只因为那屋子后面多了一个游泳池，风水书上说，屋后不能有水，否则好比背水一战，是很危险的！”

事隔不久，我孩子中文老师隔壁的房子要卖，托我找个地产掮客，没想到那掮客一看房子就说，卖是能卖，只怕不好卖给中国人，因为房子前面有一块空场！

我说：“那不正合于风水上‘左青龙、右白虎、前朱雀、后玄武’的前朱雀吗？”

“你错了！这个空场太大，又有草丛，中国买主最忌，因为怕藏盗匪流氓！”

又过了数日，一位朋友说他的父母移民美国，原本看上一户公寓，坐北朝南，阳光充足，价钱也公道，正要付订，老父却突然发现大楼的正门面对着一条直通的大马路，谓之“一箭穿心”，坚持放弃，所以又不得不四处觅屋。

我说：“旧时候，因为驾马车、牛车，或拉人力车，不易煞脚，碰到直直的路，迎面有个房子，转弯不及，容易撞进去造成死伤。而今前面的横路既宽，加上红绿灯，且用现代交通工具，照明又佳，何虑之有呢？况且就算撞进去，你住在十楼，难道车子会一直开上去，往卧室里钻不成？照这么说，皇宫是最不能住的了，哪个皇宫不面对直直的大马路？！”

“那是皇宫啊！”朋友仿佛觉得冒了大不韪地说，“皇帝、总统、衙门、警察局，这些气旺的地方，当然可以面对直马路！至于我们这种气弱的小民，连大门对着别人家的门都不行，要挂镜子挡煞气！”

“挡煞气？”

“对！把煞气照到对面人家去！”

隔日我把这位朋友敦亲睦邻的方法说给另一位朋友听，未料他击掌而叹：

“对极了！而且你要知道，不但门外要讲究，土地不能不方正，门里也不可马虎。买Colonial殖民式的房子尤其要小心，因为那种屋子常是一进门就对着楼梯，犯冲，万万不能买。至于一开门就对着壁炉的也不成，火太旺，必须在火炉上挂盆向下垂的植物。屋子里更要讲求‘形’，绝不能住那成‘刀形’的房间，更不能睡在梁下面……”

“可是就算是个长方形的房间，看来也是刀片形啊！”我说，“还有，现在的房子都在梁下钉了天花板，怎么知道何处有梁呢？”

“爬到阁楼上面去看，再不然用锤子慢慢敲天花板，听声音就知道哪里有梁了！”

“照你这么说，买房子真难，美国房子横梁特多，房子的形又总不正，而且进门常对着楼梯！”我说，“可是似乎白宫也是大门对楼梯哟！”

“我不是早说过吗！人家气旺，祖坟葬得风水好！咱们是不能比的！”

“照这么说，你我当不了高官，甚至发不了大财，都是祖坟风水的问题了！”

“对呀！错不在我们，是先人的阴宅墓穴不够好！否则运气来了，挡也挡不住，你不要当官，人家自然会推你出来。所谓三代之先，便知荣发，为了我们的曾孙能进长春藤盟校，你我现在就该看风水、选龙穴！”

当天晚上，我就对儿子说："拿梯子来，爬上天花板，看看大家的床头有没有对着梁！"又转身对老婆说："咱们是不是趁房价低，出去多看几栋房子，因为懂风水的朋友说，屋子要后高前低，最好后面有山，而且左右环抱，这样碰上盗匪来攻，比较易守，而且守不住还能往山里逃，这可是先人们经过无数灾难、战祸之后发展出的风水之说，千万不能马虎！"

后记：这虽然只是一篇游戏文章，但我希望提出的是，只有历经苦难的民族，才能发展出这种苦难的风水，因为人们对于环境缺乏安全感，甚至对自己的能力缺乏信心。人们不确定一分耕耘，一分收获，对突来的成功，更不认为全是靠自己的努力获得。所以，他们把许多自己应当负的责任，推给了神秘的风水、命运！更莫名其妙地将十七八世纪的风水观念，带到二十世纪的现代。

请不要小看风水症候，它的影响深远，反映深入！

天生的个性，可能就是“命”。
改得了自己的个性，就能改变自己的命；
懂得积极开创未来的人，则能创造自己的命。

创造自己的命运

我有一位老大无成的朋友，年过四十，连个固定的工作都没有。当有人问到他的未来，他总是一摊手：

“算命先生早说了，我这个人什么都不错，就是命中没有主运，所以做任何事都成不了，这是天注定，自己没办法！”

而当我问他什么是“主运”时，他则说：

“主运啊！就像是树干，有的人主运强，好比那高大的乔木，主干粗壮而高大，成得了栋梁之才。像我这种没主运的，则好比是灌木丛，浓密有余，但是没有主干，长不成大树！”他的话锋一转，“不过算命先生也说了，像我这种没主运的人，也好比是藤子，自己虽长不高大，却能攀附，要是遇见贵人，譬如好朋友、好老婆之类，如果他们的主运强，则我还有出头的机会。”

但是当朋友介绍他到一家公司做事的时候，明明是很有发展的公司，他却没两天就不做了，道理是：

“那老板确实很强，可是他的生意有风险，没主运的人不能跟有风险的人在一块，好比藤子攀在有风险的大树上，大树倒，我也倒，跟你们这些自己站得住的人，是不同的！没主运的人，连坐车都得小心，如果同坐的人命不好，撞了车，我也会跟着死。倒不是我的运坏，是被别人连累的！”

于是我对他说：

“让我讲几个真实故事给你听吧！我有个高中同

学，很想到外国发展，大学刚毕业就去看相，问什么时候能如愿，算命先生说：‘你明年年底以前一定能出去！’

“问题是第二年过了，他还没碰上出去的机会，于是去找相士理论。

“‘我算你能出去，你自己不出，我又有什么办法？’看相的理直气壮地说。

“我还有个朋友，看相的时候，故意考考对方：‘你算我可以有几个小孩？’

“‘三个！’

“‘我只有一个！’她听了之后跳起来，‘而且因为长东西，把子宫都拿了！’

“岂知算命先生一笑：‘我是说你命中有三个，你不早生，我有什么办法？’

“又有个人找算命先生，问姻缘。

“‘今年你是结不了婚的！’相士铁口直断。

“其实问姻缘的人，只是迟疑到底能不能嫁给她已经交往多年的男朋友。听相士这么说，一气之下，心想我就要砸你的招牌，硬是赶在年前嫁了。

“‘你自己要跟命斗，我当然没办法算！’相士听说之后讲，‘如果人人非要拗着来，谁还能算得准？’

“可是那硬要和命斗的人，如今儿女都十多岁了，夫妻恩爱，事业顺利，又怎么解释呢？

“我在纽约念书时，同宿舍有个男生与女友交往多年，父母始终坚决反对。于是他去请教一位×宗名师。

“‘你只要每天早晚将床脚提离地面三次就成了！’名师说。

“几个月后，他的父母果然不再反对。可是那女孩竟先不辞而别，听说去跟别人结了婚。

‘只怪我注意抬床脚，却忽略了床上人！’那男生自责地说。

“接着又有一位介入别人婚姻的小姐，请教那×宗名师，怎么能减少痛苦。

“‘忘了他！’

“‘我忘不了！’

“于是名师教她将男朋友照片，不知用何方法、朝哪个方向走，故意将照片掉在地上，再加吞几次口水，说是依此密法去做，就能把男朋友忘掉。

“这又使我想起鉴定齐白石的画，有所谓凡是画上题七十六岁的作品，都是假画。因为一九三七年算命先生说齐白石流年不利，所以白石老人用瞒天过海法，从七十五岁一下子跳到了七十七岁，连胡适等人编的《齐白石年谱》都把这事记了下来。

“问题是这‘瞒天过海’法，真瞒得了天吗？只怕是瞒了人吧！那忘掉心上人的方法又算是‘密法’吗？根本就是掩耳盗铃嘛！

“据说有两姐妹同去算命。算命先生算出其中一人某年曾被倒过账，另一人则不服地说：‘当年我们是同时被倒账，为什么你没算出我来？’

“‘八成因为你虽被倒，却没放在心上，所以没显示在命里！’算命先生说，‘而你妹妹伤痛欲绝，因此看得出来！’”

举了这许多活生生的例子，我对那自称没有主运的朋友说：

“命固然有许多是上天注定，但也有上天无法注定的。我看你的所谓没有主运，只是没有恒心、主见和志向，也可以说是你个性上的弱点。话讲回来，个性可能就是命，改得了自己的个性，能‘超越自己’的人，就能改变自己的命。懂得积极开创未来，知道‘创造自己’的人，则能创造自己的命。

“至于只想靠父母、朋友、贵人的那份依赖性，才真是没有主运的原因！”

“总算孩子大了。”一个太太宣布，“我打算离家出走！”
所有听到的中年妇人，都兴高采烈地过去道贺。

中年女性的反叛

一九七八年春，当我担任美国丹维尔美术馆驻馆艺术家时，曾应邻近的马丁斯维尔市艺术中心邀请，去做了两个星期的国画指导。负责接待我的，是当地艺术家凯利夫妇。

他们每天轮流开车带我去教课，参加各种活动，同时在豪华的宅第中，为我举行一个小型的画展。身为业余编织艺术家的凯利先生，编织了一面精致的旗子送给我，太太则下厨学做中国菜，七个孩子更成为了我的好朋友。他们家庭的温馨和马丁斯维尔的春景，在我寂寥旅途的记忆中，留下鲜明的印象。所以五年后，当我终于也一家在纽约团聚，生活安定下来时，便亟欲再叩访这难以忘怀的一家。

我打电话过去，传来的是凯利先生苍老无力的声音："我的妻子与我离婚了，一个人北上，或许在加拿大吧！她说孩子大了，总算自由了，所以，她要过自己要的生活……"

同一年，我私人画班的高材生宁芙太太，突然辍学了，说她的六个孩子多半成人，最小的也能自己照顾自己，所以她要离开家，去完成一些年轻时的愿望。

"我不打算离婚，但要离开家，十多年前我就这么想了，直到今天才有机会，人都近五十，再不去寻找，就来不及了！"宁芙太太说。

妙的是，同班的太太们，居然兴高采烈地向她道贺，你一言、我一语地说她们也很冤，觉得半生都浪费在尿布和洗衣粉里，真应该向宁芙太太看齐，未来也过过自己想过的日子。

坐在一旁，不知该说什么好的我，见到的是一双双闪着光亮的眸子，我发现——

那些中年妇人们，似乎从宁芙的“勇敢”中，获得了激励，也可以说，她们因为看到宁芙做出她们不敢做或不敢说的事而兴奋不已。

今年暑假返台，一个儿时的玩伴约我午餐。

“我打算离开我老公，你觉得如何？”她突然问我。

“你们的婚姻不幸福吗？家庭不成功吗？”

“婚姻幸福不幸福我不知道！”她说，“家庭应该是成功的，从一无所有，到好几栋房子！但是你要知道，房子全是我赚的，我老公那点薪水只够吃饭！”

“常听说贫贱夫妻百事哀，你们这样富裕，为什么还要怨呢？夫妻共同奋斗，有了这些成就，何不共同享受成功的果实，况且孩子又都上高中了！”

“喂！你有没有为我想想，你不觉得我还算年轻吗？不趁着年轻完成自己的理想，难道要等到做老阿巴桑再后悔吗？”她居然有些冒火。

问题是，在接下去的闲谈中，我听不出她真想做什么，既非再找个小白脸嫁了，也不是出去另闯一番事业。总之，她就是觉得冤，觉得自己过去是白活了。却似乎完全没有想到离开后，那大她十多岁的丈夫，会是怎样的景况。

过去总听说男人到了中年，有了经济力量，又少了孩子的负担，容易有外遇，一方面希望在别的年轻女人身上找寻青春，证明自己还年轻；一方面因为厌倦了一二十年刻板的家庭生活，想找些外来的刺激。

遇到这几个朋友、学生的例子，才惊觉到——在女性心灵的底层，何尝没有这种“变因”！而且变因可能是在男性压制下的反弹，以及对自己逝去青春的呐喊，其中的愤懑，更是中年男性所没有的。

最后，我对儿时的玩伴说：

“让我举个例子吧！你和你先生一起在人生的旅途，他背着重重的行囊，你拉着几个孩子，走过大半的路，行囊轻多了，孩子也大了，你向前看，路上的风景不见得有后面美，路边的花，也不如后面多，于是你对丈夫和孩子说：‘你们自己走吧！趁着我精神还好，体力仍足，决定跑回头，再走一遍走过的路。而这一次，我要好好看看周遭的景色，拾取一些可以珍藏的东西！’

“可是你为什么不对丈夫说‘你的行囊也轻了，让我们再往回走一段，趁天色未暗，看看过去未曾欣赏到的美景’呢？

“如果你丈夫说他走不动了，你是否忍心抛下他，一个人走回头路呢？

“夫妻在艰苦的奋斗期，确实可能少了情趣，但那情趣能在子女成年后，再共同去寻找，本无须抛下一方，独自前往！

“由各自背负行囊，无暇四顾，到相互扶持，行一段惬意的人生路，不另有一番境界吗？”

具有中年反叛“基因”的女士，以为如何？

如果有一天全体民众都将铁窗拆下，小偷就会突然增多？
如果有一天全部的商店都改挂小小的招牌，生意就会一落千丈？

给我们一片乐土

曾在海外读过这么一则台湾的新闻：

“一户拥有两层楼的人家，楼下遭了小偷，主人便将下面的窗子全装设铁栅，但是才装好没多久，小偷竟然攀着楼下的铁栅，上了二楼，又偷去不少财物。

“无奈的屋主，只好把楼上也设了铁栅窗。岂知不久之后，半夜屋中失火，一家人因为铁栅的阻挡，未能及时逃出，全葬身在火窟。”

看完这则新闻，我立即有个感触：是谁害死这一家人？是小偷？是屋主自己？抑或这个社会？

去年，我那八十岁的老母归台，虽然旅美近十年，对于台湾的气候、食物，居然都还能适应，只有一点不对劲，就是咳嗽加重，甚至后来引起了肺炎。

众亲友痛定思痛，检讨之后的结论是，老太太讲话太多，又太大声。而当我建议她老人家音量放小一点时，她居然回答：

“亲戚们老带我出去吃饭，席间哪有不讲话的道理，而说话总要对方听得到才行，地方吵，只好使劲地喊！”

听完她老人家的话，我也有个感触：是谁害她咳嗽加重？是亲戚？是她自己？抑或这个社会？

今年归台，在台北某处，看到两个有趣的画面：

一个窄窄的楼梯门，对街而开，想必楼上有不少公司、行号，或特殊的营业，为了招揽顾客，纷纷将五光十色的招牌，挂在楼梯口的上方，由骑楼屋顶，一个接着一个，越挂越下来，最后进出其中的人，除了矮个子，人人都得弯腰低头。

至于我住的大楼，楼上楼下不知开了多少商店、餐馆，不但招牌一个比一个“凸出”，而且从大门内摆到大门口，最后居然放到了马路的慢车道上。

见到这两个画面，我也有一番感触：

如果有一天什么人不小心出入楼梯撞了头，或骑车撞到那厚重的大招牌，进了医院，甚至送了命，该怪谁？

怪招牌？怪他自己不小心？还是怪这个社会？

记得我高中时代，有一天到台北市的新南阳戏院看电影，我印象非常清楚，片名是《西部开拓史》。而我记得更清楚的则是一我居然从头到尾，站着看完电影！

不知是否戏院的座位斜度不够，当天又客满，前面的观众有些将书本垫在椅子上坐着，再后面的人蹲着，更后面的人坐在椅背上，到后来，则半场以上的人全站了起来，不但站到椅子上，甚至两脚站在扶手上。

而我最能确定的是：绝大多数的人，没能真正欣赏到这部电影史上的经典之作。所幸当天没人从椅子上摔下来受伤，否则该怪谁呢？怪电影院？怪自己？还是怪大家？

从高中的那场电影到现在，已经足足二十四年了，这二十四年间的台湾社会，如同前面提到的那些例子，一再地引起我感喟：

为什么我们的同胞，在漂亮的大楼落成的喜庆鞭炮声中，便丁丁当当地开始钉铁窗、挂招牌、建违章？

为什么我们的餐馆中，总是吵吵闹闹，似乎人人在比中气、练“狮子吼”的功夫？

难道如果有一天全体民众都将铁窗拆下，小偷就会突然增多？

难道改成像世界一流城市街道，只在门厅或橱窗、雨篷上做小小的招示，大家的生意就会一落千丈？

难道西方餐馆中低声交谈的人，会听不到对方说什么，只是上唇碰下唇地在演哑剧？抑或他们反而能拥有更多的闲适与优雅？

问题是，当人人都装了铁窗时，你能不装吗？

当人人都拉大喉咙时，你能不喊吗？

当人人都比招牌大时，你能只悄悄地挂出一小片吗？

如同二十四年前，当人人都站起时，我能不站吗？

进一步想！

难道我们就这样“恶性”地“比”下去，留给子子孙孙一个只知争逐，不知约束；只有强权，而乏公理；虽知真理，却无公益的社会吗？

威廉荷顿曾经演过一部片子，其中有位电视新闻主播发了疯，某日冲动地对观众说：

“如果你对住在火柴盒的屋子里自我封闭、自我保护、任外面罪恶繁衍的社会无法忍受，请你现在打开窗子，对外面大声地喊：‘我受不了了！’”

在电影中，满城的人们，都拉开了窗子，发出他们心中的怨气和怒吼。

请问，我们是不是也该有这么一天，约个时间，告诉那些自以为不守法可以占便宜的人：

这社会仍有正义的吼声！

我们要留给自己和子子孙孙一片干净、安宁而祥和的土地！

常听女强人们说一句话："奇怪！我看得上的，有才能、有见识的男人，总是别人的老公。那些追我的，又都'不够看'！"

女强人失婚症候群

一对情侣同时走出大学校门，他们海誓山盟地计划，三年之后步入结婚礼堂。

男孩子去当兵，女友则进入一家贸易公司当会计，两个人每天一封信，遇到营里放假，不是女孩子南下相会，就是男朋友北上，两人之间不但情感未减，由于经常别离，反而相需更殷了。尤其可喜的是，因为女孩子晋升总经理秘书之便，男孩子未退伍前，女孩子就已经为他在自己公司找到了一个基层的工作。

每天早上，都是男孩子骑机车接女朋友上班。不！应该说是接未婚妻上班，因为再过一年多，就是他们的佳期了！

每天晚上，也都是两人一起走出办公室，但后来因为女孩子升为机要秘书，经常要随同经理开会，遇到外地来的客户，更得陪着出去应酬，而不得不让未婚夫自己回家。

当然，男孩子也愈来愈忙了！早上打完卡，整理一下资料，就急急忙忙地骑着机车出去跑业务。从基层做起，本来应该如此，有几个老板不是这样灰头土脸地打拼出头？

三番五次，女孩子看不过未婚夫下班前冲回办公室的狼狈相，低声地叫未婚夫去洗把脸、换件衣服，又建议他去买一辆中古汽车，也免得自己的秀发被风吹乱了。尤其是碰到晚上有应酬，必须衣着光鲜地上班，而坐在机车后座，乌烟瘴气地在车海中穿梭，总有些不对劲。

只是男孩子说，台北这种交通，除非当主管，人家听自己的，否则为了赶时间，还是机车方便。何况钱省下来，也好筹备明年的婚礼！

拗不过未婚夫的一番大道理，女孩子碰到刮风下雨或盛装出门，只好先通知男孩子一声，自己直接坐计程车：

“反正公司付钱嘛！经理秘书，总会有些特支，上面已经讲了，下个月就为我大幅调薪！”

受到公司重用，总是有道理的，女孩的学历、谈吐和亮丽的外貌，常常受到客户的赞赏，不少生意实在不是会议室谈成，而是晚上在杯觥之间有了默契。

当然未婚妻的得意，对男孩子也有帮助，最起码她可以提供不少公司的消息、商场的秘闻，甚至商业上的诡异技巧给未婚夫听，真让男孩子听得目瞪口呆。在他眼里，自己的未婚妻不但比以前更漂亮，而且见识也惊人。

只是最受不了，难得在一起度个周末时，问未婚妻要到哪里去用餐，女孩子说出某家餐厅，男孩子还不知道在哪里，等未婚妻轻车熟路地带到，一餐下来，整整去掉了月薪的四分之一。

女孩子也有她的理由："这已经是我所去过的最普通的地方了！你明知道，我一个月跟你吃不了几顿饭，多付几文又算什么！何况你未来在商场上混，总得见世面，不能连鱼子酱、鹅肝酱都没看过，刀叉从哪边开始用都搞不清楚啊！"

女孩子甚至为了带未婚夫上餐馆，而推着男孩子去买了两套像样的西装，又曾经半路冲进百货公司，为了买一双袜子，并且在计程车上要男孩子换上。随着公司高阶层主管到外国去时，更为男孩子采购了不少东西。连未婚夫的床头灯都在她的要求下换新。

"你怎能忍受这么刺眼的灯光？不觉太没情调了吗？"

几次还在激情的途中，女孩就这样抱怨。

“可是，我一个月的薪水，才够买几盏灯啊！我们总得存点钱结婚，距离我们约好的日子没有多久了！”

“钱？我有。”

“那是你的钱！”

“先不要谈这个，最重要的是，我将可能升职，所以婚期最好延后，而且绝不能让公司知道我们快要结婚这件事。”

下面的故事，我不说了！因为大家可以猜得到结局。

在今天的社会，这是一个普通得不能再普通的故事，却也是值得深思的事。

女职员陪主管应酬，在酒廊里谈生意，一星期没有几个属于私人的夜晚。涉入公司的业务愈深，见识愈广，薪水与地位愈高。相形之下，当年同进同出的男朋友，却可能仍在基层打拼，因而相形见绌。

既然在见识上、财力上、地位上、思想上的距离都越来越远，私下相处的时间又越来越少，自然情也就越来越淡！

男孩子可能因为每每“供养”这样的公主，而难有积蓄结婚，终至分手或造成晚婚，甚至另找一个比较平凡的女子。

女孩子可能家事一窍不通，但升上高阶层后收入日丰，自己拥有令人羡慕的地位与财富，终至成为迟婚的女强人。再不然则要放弃既有的事业成就而回归家庭。

常听这些女强人说一句话：“奇怪！我看得上的，有才能、有见识的男人，总是别人的老公。那些追我的，又都‘不够看’！”

至于那些从基层灰头土脸地干起，终于混出头的男士则说：“当我走进那位小姐在大厦顶楼的房子时，脚下踏的是软软的羊毛地毯，如同腾云驾雾一般。那时才觉得自己的窝太破了！自己的老婆太落伍了！奇怪的是，这样杰出的女人，为什么迟迟不嫁呢？”

为什么？听了以上的故事，您当然知道！

而且这是良性、恶性循环？并每每有下面婚外情的“又一章”！

生活在现代，就得照着现代的步调走。
时代变，你就得变。

做个现代人

某日，我在东亚艺术概论的课上，谈到中国绘画里表现宁静、闲适的愉悦，突然有个学生举手发问：“教授！无论在电视或电影上，我们见到的中国，总是熙来攘往的人群与喧闹的环境，可以说比起纽约毫不逊色，他们怎么可能享受宁静与闲适的快乐呢？如果你说的是几百年前，我相信；如果今天的中国人还能享受这种快乐，我实在很怀疑。”

这位美国大学生所提出的，实在正是我们今天面临的问题。从小我们阅读的诗文，表现的多半是宁静恬适的境界；看到的国画，描绘的总是悠闲淡远的景象；甚至儿时的记忆中，也依然保存着瓜棚下纳凉和夜晚追逐萤火虫的印象。但是曾几何时，随着现代化、工业化，便是农村也难以享受旧有的宁静。这不过在二三十年间，甚至只是一二十年间所造成的巨大改变，使我们无法将想像中的青山白云、归帆远浦、渔樵耕读、恬淡天真与眼前的一切相对照。

如何在喧闹的环境中保持宁静的情怀，在变乱的社会中保持稳健的态度，做一个快乐的现代人，就是我在这儿要谈的。

现代人的快乐不是无忧，而是忘忧；不是逃避环境，而是改变环境；不是等待宁静，而是创造宁静。

谈到宁静，一般人总想到是无声的状态，其实真正的宁静，是一种内心的平静与恬适。这种恬适不一定能由无声所引起，我们甚至可以说现代人尤其难以用无声来培养内心的宁静，这就如同快跑的选手到达终点时，不适于立刻躺下来休息一般。由于日常过度的忙碌喧哗、争逐奔忙，如果骤然把我们投入“无声的宁静”，因为心中的“不宁静”，反倒对比得容易不安了。所以现代人需要的宁静，常是有声的宁静，竹韵、松涛、虫鸣、鸟啭，甚至一首音乐、几曲清歌，反倒更能把我们沸腾的胸臆，渐渐平复下去，慢慢地引来宁静的情怀。

我常说，现代人的宁静，是咖啡室的宁静，当我们走在熙来攘往的闹市，推开咖啡室厚重的玻璃门，便一下子把喧哗摒在门外，于是坐下来取一个舒适的姿势，啜口咖啡，聆赏几首柔美的乐曲，而当时间到了，推开门，便再度投入那尘嚣的环境之中。

所以现代人的宁静，不是遁隐山林友麋鹿、煮白石式的宁静，而是在尘嚣与喧嚣的空隙中找寻宁静。

那短暂的宁静，能使我们疏散前一刻的紧张，并为下一刻冲刺加注更多的力量。现代人的快乐不是无忧，而是忘忧；不是逃避环境，而是改变环境；不是等待宁静，而是创造宁静。

以速度争取时间，再用这时间去享受宁静，而非拖泥带水，永不得真正的空闲。

读者或会问，宁静如何创造呢？我的答案是：宁静可能反倒需要以迎向喧哗去创造，如同和平常需要以迎向战斗来求取一般。这种例子在美国最普遍，我们经常可以看到老美把五个月的工作，赶忙地在四个半月完成，剩下的半个月便去度假。当你问他："何不慢慢做呢？"他们必然会告诉你："慢慢做，也是忙，因为事办不完，心不定，也便难以放松，倒不如一鼓作气，将争取来的时间，拿去痛痛快快地享受些宁静的生活。"由此可知，现代人的工作，应该以速度争取时间，再用这个时间去享受宁静，而不是拖泥带水，却永不得真正的空闲。

也就因为现在的社会一切步调都快，那产生的“变数”，也自然愈来愈多。高速公路上一辆车子出事，很可能排几公里的车队长龙；电脑输入的一点误差，很可能弄得“鸡飞狗跳”。它不像农业社会，除了天气难以把握之外，其他只要照着农历去做便成。过去画山水，明代画家所描绘的舟船与宋代相隔几百年，却少有差距，现代的画家如果要画船舰，只怕十年便是一个样子。总之，现代生活的变数是太大了，不能在这万变中随时适应，也就没有办法掌握生活，没有可能快乐。

生活在现代，就得照着现代的步调走。时代变，你就得变。

对于现代社会的变，我们不能“以不变应万变”，因为别人都变，我们的不变就要出问题。很简单，如果银行提款改用“自动提款机”，你偏偏不去学着用，短时间或许仍能多花点时间到柜台办事，只怕再过十几年就要出大问题。同样的道理，旧时的知足常乐，只怕到了现代也有许多不适用。譬如你有某种电器，虽然过时，只要能用，也便凑合着使用，但是一朝有了小毛病，连零件都配不到，于是不得不换新的。总之，现代是个车，人在车上驾着时代跑，时代又带着人跑，车子更顶着车子跑，如同高速公路，开不快的不准上，开得太快的又要吃罚单。生活在现代，就得照着现代的步调走，时代变，你就得变，你永远是被动，也永远是主动，想要离群索居，完全我行我素的人，在现代社会很难适应，只有与环境融合，并掌握环境的人，才能快乐。

现代人要把满足的准点，设在比眼前能力略高的位置。

谈快乐，人们总会想到“知足常乐”这句话。现代人的快乐，自然也是如此，只是那知足的“准点”与旧时大有不同。老一辈的人通常把那满足的准点放在与自己当时生活水准相当的位置，于是眼前的一切虽不极佳，倒也合人意，所谓“比上不足，比下有余”，便十分快乐。但是现代人，因为科技进步太快，刚出品的东西，往往已是不久便要落伍的，所以那满足的准点，只好设在比眼前能力略高的位置。或许有读者不同意我的看法，但是只要您想想家中有多少尚在分期付款的东西，便会了解我所说的意思。古人往往是游刃有余、行有余力，才做下一步；现代人却往往是力有未逮时，已经开始进行、开始享用，因为只有这样才赶得上时代。所以就“知足常乐”而言，现代人是以赶上最新的、企及更高的理想来满足自己，来使自己快乐。

消极地等风雨过去，不如积极地冲过风雨。

记得前年有位在国际贸易上非常成功的朋友跟我到纽约的中国城观光，我提到中国人“忍片时风平浪静，退一步海阔天空”的格言，他立刻表示强烈的反对：“当你等到风平浪静、海阔天空时，别人早已冲过暴风雨，到达宁静的彼岸了。所以在现代社会，应当面对风雨，接受挑战，冲出暴风圈。”

去年我回台坐计程车，看到一辆小轿车撞上路边的树。“一定是开得太快了，所以闪避不及。”我说。

“只怪他反应不够快，所以撞上树。”年轻的司机表示。

在这个人口爆炸、动乱纷争、喧嚣扰攘又瞬息万变的现代环境中，我们应该是等待风平浪静式的宁静，躲在月白风清、渔舟唱晚的山间水畔，找寻那古典的恬然自得，还是冲过风雨、冲出险阻，在企及更高的理想下，享受那“争取来的满足与宁静”呢？

请读者诸君自己斟酌吧！

我们常说人才不怕被埋没，迟早会被发掘出来。
但是，今天这句话或许不对了！

不能及时成功就是失败

由于后院紧邻着被列为鸟类保护区的森林，使我经常能观察到鸟类的生态，尤其是在屋檐下挂了野鸟的喂食器，躲在百叶窗后，更可以近在咫尺地看它们的小动作。

最爱仲春山茱萸花盛开的时节，红雀、蓝樫、斑鸠、麻雀，都携家带小地来进餐。其中阵容尤其庞大的要算是麻雀了，一对父母足足领来五只小宝宝，不知是否因为怕冷，宝宝紧紧地挤在同一枝上，等着父母喂食。

大鸟总是先飞到喂食器里衔取谷子，然后飞到地面咀嚼，再回到枝头哺育孩子。而每当大鸟飞临的时候，小雀都极力地抖动翅膀，张大了嘴巴，并发出叫声。别看那些小雀不大，它们的嘴巴张开了可是惊人，似乎整个头就只有一张嘴的样子。而且小雀的嘴跟大鸟的颜色不同，色彩较浅，边缘则呈淡淡的黄色，变得非常显眼。

观察久了，这些小雀的生活竟使我产生一种惊悸，我发现在那一窝初生的小雀之间，居然也存在着激烈的竞争——生存的竞争。至于那张大嘴巴、高鸣乃至抖翅的动作，则莫不是为了吸引大鸟的注意。

鸟毕竟是鸟！那做父母的居然不知道计算每个孩子的食量，它们可以来来回回地喂同一两只小雀，只为了那两只的嘴张得特别大，声音特别响，翅膀抖得特别凶。有时候看到最瘦小的一只半天吃不到一口，真是让我发急，可是又有什么办法？只怪它的父母太蠢，更怪它自己不知道争取表现哪！

几乎是一定的，那不知道表现而吃不到东西的小雀，后来都不见了，剩下壮硕的两三只被喂得更结实，终于能独立进食。我常想：这是否就是自然的定律呢？因为大鸟的体力有限、食物有限，在成长过程中，当然有些子女要被淘汰。

于是那抖翅、张大嘴、高鸣的表现，就值得我们深思了。因为鸟的社会正反映了人类社会，生物间生存竞争的道理是相同的。

去年底，当《民生报》公布年度畅销书排行榜的时候，也道出一个残酷的现实：卖得好的书与滞销书是一比四。金石堂每月进书近两千种，其中百分之七可能全年一本也卖不掉。

那些卖不掉的书，难道就都差吗？不！它们可能从进书店，就没被摆在显眼的“台面”，而被塞到书架的一角，因此一年下来不曾被顾客翻阅过。如此说来，内容再好又有什么用？滞销书的命运，不仅像我所看到的那只瘦小麻雀不知所终，而且几乎从一开始就注定了早夭的命运。

我们常说人才不怕埋没，迟早会被发掘出来。但是，今天这句话或许不对了！

一百年前，你可以靠科举考试而一举成名天下知；三十年前，你可以因大学毕业而雄赳赳、气昂昂；十年前，你可以混个硕士而不愁找不到好工作。但是再过十年，只怕你拿到博士学位，都还可能失业。因为你一心读博士，“出道”落在别人后面，等学位拿到时，只能给中学毕业的老板打工。

在这个极端竞争的时代，你不但要成功，而且要及时成功，否则就是失败。甚至你要嫁个理想的丈夫，再也不能只凭自己天赋的外在或内在来吸引异性，而要主动地展示给你中意的人看。

否则你可能只是一本封面无比精美的书，由于出版商少了炒作、宣传和疏通而被束之高阁；也可能是内容无比深入的精品，却落得一本也卖不掉的命运！

你的内容再美，人家翻都不翻，又有什么用？尤其现实的是：在这个时代，一过时就没人要了！

所以，不如学学我窗外那两只聪明的小雀吧！

美国某电视气象播报专家说：
“如果各位女士遇到强暴，如果无法抗拒，何不干脆享受一番！”
第二天，他就被炒了鱿鱼。

幽默，你在哪里？

听女孩子谈择偶的条件，似乎总脱不了“要有幽默感”这一项。我便想：在她们的心中，什么是幽默感呢？会不会连促狭捣蛋、说说笑话、扮个鬼脸都能算是幽默？

这使我想起高中时，有一天学校里来了几个美国外宾，由英文老师作陪，那场面真难形容，倒是有位同学说得妙：“奇怪！平常英文老师都一脸夫子相，怎么碰到外国人，就突然变成猴子了！”

可不是吗，尤其是当这群人走过操场的时候，远远看去，只见其中一人又缩脖子、又端肩，加上手舞足蹈、尖声干笑，正是我们的英文老师。而事后，您猜那老师怎么解释？

他说：“这是幽默！跟洋人在一起就要幽默！”

问题是，那些真洋人怎么反而没做成猴子样呢？

有幽默感，在西方社会诚然是非常重要的，当别人这样说你时，甚至是一种相当的夸赞。因为没有机智的人，不可能表现出高度的幽默。

“机”是快速的反应，幽默往往要在最恰巧的时机灿然出现，才能给人灵光一闪之感，所以需要抓住“第一时间”的反应。“智”则是智慧，真正高级的幽默往往不是直接的，因为幽默多少带着几分谑，如果太直接，难免尖刻伤人，所以要绕个弯子来，段数才显得高，那绕弯子就非智慧不能达到了。

举例来说，某日我参加慈善晚会，其中义卖残障人士画的圣诞卡，有一位不知趣的宾客居然大声说：“怎么卖圣诞卡，我一年根本寄不了几张！”这煞风景的话一出，整个场面都僵住了，就在这一刻，突然有位太太举起手，笑嘻嘻地喊着：“喂！要不要我分一些我的朋友名单给你？”顿时引得哄堂大笑，整个尴尬都解除了。怎能说那及时发言，不是高度机智的表现呢？

至于以幽默的方法来做反击，就更不简单了。中国的《诗经》有所谓“主文而谲谏”，意思是以隐喻迂回的方式来劝谏人，那幽默的反击法，则是主文而谲攻。

譬如当我任“中视”代表时，有一次摄影记者因为机器突然故障，不得不用一架家用的小机器救急。岂知那被采访者的家属，竟然带着几分嘲笑地说：“早知道您用这种小机器，我就自己拍好送给您了！”

我那摄影记者回头一笑：“这也就是为什么要我来拍的道理！”

他这句话真可以说是既幽默而且含蓄地给予还击，意思是：“你拍的毕竟不是我拍的，机器相同，拍出来的可不一样啊！”更深一层的意思，则是：“就是因为不敢用你老兄拍出的烂东西，所以还得我这位专家出马！”

如果他真将前面一大段讲出去，难免成为正面的冲突，所以那淡淡短短一句，学问是大极了！

“淡淡地”，这正是幽默的最高境界，如同会说笑话的人，往往自己面无表情、毫无笑意，却冷不防地说出叫人前仰后合的话。

在西方有一个非常著名的幽默例子：

法国大文豪伏尔泰总是赞扬另一位作家，但是对方却一个劲地批评伏尔泰不好，当伏尔泰听说时，只是淡淡一笑：“真的吗？相信我们双方都错了！”

不过几个字，全然改变了形势，岂不妙哉？！

又有一个笑话，某男士骂某女士为狗，被告进了法院，法官判决被告应向原告当庭道歉。被告回问：

“我称女士为狗，是犯了法。但是如果称狗为女士行不行呢？”

法官想了一下：“行！”

接着被告就对那原告深深一鞠躬，说：“对不起！女士！”

我还亲眼见到一个以这种逻辑方式反击的幽默例子：

有一个人被竞选对手诘问“你一无所长，到底有哪样比我强”时，只是淡淡一笑：

“我实在跟阁下差不多，阁下的优点，我全有！我的缺点，阁下也都具备！”

这句话，若不是聪明人，还真难会意，它的妙处是表示“我的优点，等于或大于阁下！阁下的缺点，等于或大于我”！

当然这种反转式的句法，也不尽然用在攻击，譬如在“金钟奖”的颁奖典礼上，我就见过某电视公司的得奖人在致词时说：

“过去我以公司为荣，但是今天（顿一下），公司要以我为荣！”顿时引得满场热烈的掌声。

他这句话的妙处，不仅在于句子的反转，更在其中的停顿，引起听众预期的心理，甚至使人有错误的预期，然后峰回路转，一语惊人！

梁实秋教授就善于这种幽默，譬如他曾说：

“我从来不相信儿童是未来世界的主人翁（一顿），因为我处处看见他们在做现在世界的主人翁！”

更妙的是，我曾在纽约电视上，看一位著名小提琴家到高中座谈，在学生发问告一段落之后，小提琴家说：

“刚才有些问题问得很好，但是有些问题……”他停顿了一下，学生都紧张起来，以为他要批评问得不好。就在这一刻，小提琴家继续了下面的话，“简直是好极了！”赢得一片欢呼。

凡此，都是将听众先做错误的导向，而后语锋突转，达到幽默的效果。

看完以上几个高级幽默的例子，读者或许发现幽默固然难，要听得懂幽默，也真不容易。确实如此，幽默不仅常像歇后语，有时更如猜灯谜。譬如中国人最常用的：

“七窍通了六窍”，表示一窍不通。

“聪明透顶”，比喻将秃的头；“聪明绝顶”，比喻已经秃光的头。

又如，故意把“誓死不渝”讲成“誓死不偷”，都算是一种幽默。

至于洋人，也爱玩这种双关语的幽默。我记得最清楚的，是在画展中曾见一位美国老先生指着画中人的眼睛，说：“Beautiful students！”隔了两秒钟，大家全笑了，原来那student等于pupil，而pupil则是瞳孔的意思。

洋人固然喜欢在言语间要幽默，但是也有许多禁忌，譬如种族、性别、残障，都少碰为妙，因为那是天生而无法改变的，幽默不得体就变成了歧视，而歧视则是民主社会中最大的忌讳。

譬如在电视上常表现幽默的气象播报专家，就曾经有一位因为讲错话，隔天便卷了铺盖。你猜他说什么？他是跟着前面一个强暴妇女的案子耍幽默：

“如果各位女士遇到强暴，如果无法抗拒，何不干脆享受一番！”

他是犯了既伤受害者的自尊，又表示了性别歧视的大忌讳，怎能不走路呢？

由此可知，幽默固然妙，但是如何抓住分寸，幽默得恰到好处，更是大学问。近日看电视，见主持人以一位残障歌星当笑料（当天那位残障者并未到场），或对着相貌不出色的女孩子说“阁下这副尊容”，再不然则在电视剧中让儿童当众尿尿，在桥剧中表现在车上偷香，以手摸对方臀部，再拿到鼻子前嗅的镜头。让我不禁要问：

“这是幽默吗？还是因为社会一下子开放，连幽默笑料也顿时失了分寸？”

我朋友所说的一段话，更引起我的省思。他说：

“当人们吃完大油大腻之后，是无法欣赏淡雅的禅宗水墨画的！当‘抓痒’式的幽默已经引不起皮肤的感觉，只好用‘打’的了！”

请问，我们的社会是否已经因为吃了太多的油腻，而对点到为止、意味深长的高级幽默失去了感觉？

幽默，你在哪里？

当长辈说话，
你表示同意而回答“对”时，
可能已经不对了！

话不能这么说

我有个学生出去打工，上班的第一天就被老板刮了，哭丧着脸跑来对我诉苦：

“当我同意别人看法时，总是说：‘对！对啊！’我已经说了二十年，对什么人都一样，从来没有人说我错，可是今天跟老板讨论问题，才说了几个‘对’，他就冒起火来，讲‘什么对不对’！跟长辈说话，要讲‘是’！不要讲‘对’！”

我听了她的话，当时一怔，心想可不是吗，我也常对长辈讲“对”，细细研究，真应该改为“是”呢!

说话的学问真是太大了，有些话我们讲了半辈子，技术上有问题却不能自知，甚至得罪了人，还弄不清是怎么回事。

譬如我的两个学生——琳达和菲比，在台湾原本交情不错，也只为言语造成多心而疏远。据说菲比到达纽约那天，请琳达去接飞机，碰面之后琳达问他：“听说你的表哥就住在附近，为什么不找他就近来机场呢？”菲比说：“因为他忙！”

岂知就这样得罪了琳达，心想：“喔！他忙，难道我就不忙？他的时间值钱，我的就不值钱？”从那时起，也就不太理菲比了。

我想菲比是无心的，得罪了老同学自己还不知道，但是如果当时他能回答：

“因为我跟你（琳达）的交情，比我亲表哥还好，巴不得一下飞机就能看到老同学！”不是要好得多吗？

国画大师张大千更对我说，他有一次因为说错话，差点落得杀身之祸。当时他应邀到一位军阀家里做客，早就听说大帅养了一只名犬，十分爱犬而早就想看那只名犬的张大千，一见到大帅就兴奋地说：“我早就想到您家来拜望了！”

以为张大千是心仪自己，大帅得意地点头：“不客气！”

岂知张大千居然接着说：“我是为了来看您这只狗！”

张大千说他才讲完就凉了半截，匆匆忙忙告退出来，直摸自己的脖子：“幸亏大帅当天情绪好，否则脑袋就搬家了！”

我自己也说过这种容易让人多心的话。记得有一次在宴会上有人为我介绍某大学的校长，我兴奋地说：

“久仰！久仰！将来小弟如果在美国失业，一定要请您提拔！”

我说话的原意是谦虚，岂知极可能引起对方反感：“敢情我这里是收容所？没地方要你，你才到我学校来？”所以有一天我真希望到那学校教书，他八成不会聘我！

懂得讲话技巧的人，能把一句原本并不十分中听的话，说得让人觉得舒服。譬如有一位官员，对事事请示的部属不太满意，但是他并不直截了当地命令大家分层负责，而改成在开会时说：

“我不是每样事情都像各位那样专精，所以今后签公文时，请大家不要问我该怎么做，而改成建议我怎么做！”

还有一位主管，当他要属下到他办公室时，从来不说“请你到我办公室来一趟”，而讲“我在办公室等您”！

这两个人，都是巧妙地把自己的位置由“主位”改成“宾位”，由真正的主动变成被动，当然也就容易赢得属下的好感，因为没有人不希望觉得是自己做主，而非听命办事啊！

最高明的，要算是那懂得既为自己“造势”，又能为对方造势的人了。我曾经听过一位到美国工作的官员在临行酒宴上讲的一段话，真是妙极了！他说：

“大家都知道，如果没有过人之才，不可能在这个外交战场的纽约担任外交工作，况且一做就是十多年。而我没有什么过人之才，凭什么能一做就是十几年呢？这道理很简单，因为我靠了你们这些朋友！”

多漂亮的话啊！不过一百字之间，连续三个转折，是既有自负，又见谦虚，最后却把一切归功于朋友，怎不令人喝彩呢？

说了这许多，如果问我到底该怎样讲话，我却很难回答。但研究了这么多年，最少可以想到一个原则，就是：除了为自己想，更为对方想。谈好事，把重心放在对方身上；要责备，先把箭头指向自己身上。最重要的是，当你表现自己的时候，千万别忘了别人。

因为没有一个听话的人，会希望被讲话者忽略。也没有一个忽略听众的说话者，能获得好的回响！

那些有年轻妻子的老人，
如果真是平均较长寿，
是否并非因为“身体的接触”，
而是由于……

老夫少妻活得长

去年美国一个医学研究团体，不知是否吃了熊心吞了豹胆，居然发表了这么一个统计报告：

“娶年轻老婆的男人比较长寿！”

这当然会立刻引起轩然大波，妇女团体纷纷攻击：

“这是大男人沙文主义作祟！”

“男人想甩掉糟糠妻，另娶年轻女人，所以为自己放垫脚石！”

“我丈夫一辈子没读过报给我听，居然一大早就得意扬扬地朗诵这条浑蛋新闻，什么意思？”

问题是，医学研究团体也非泛泛，他们确实可以拿出统计数字。于是，另一派解说出现了：

“只是因为那些特别老而弥坚的男人，才会胆敢再娶年轻女孩子；而不是因为他娶了年轻老婆而变得强壮。做研究的人是倒果为因了！”

“如同老教授常跟年轻人在一块，会显得比较年轻，这是因为他们感染了年轻人的活力！”

更妙的是，有人举了这么一个例子：

“笑话！请他们也做个统计，是不是养狗的老男人都比较长寿？八成如此，那是因为养狗的老头，每天早晚不得不牵狗出去散步、大小便，吸入较多的新鲜空气，又有不错的运动，当然比躲在家里看电视、让胆固醇堆积的老家伙活得长。这么说，难道跟年轻狗睡觉的老头比较长寿吗？”

总之，自从报上刊出这个消息，乱子可就闹大了。最起码，在我那满是中年以上学生的国画班里，就连续好几个星期没有宁日。只要哪个老男生胆敢露出半点得色，老女生就要群起挞伐。连我这个教授，都不敢再提台湾某大师有“姬人”、某名家有少妻之类的故事，惟恐干犯众雌之怒。

妙在我居然就从拜访几位大画家的时候，对于前面的问题，有了另一种体认。

去年秋天，在某地探望一位名画师，碰巧老人出去开会，由他的老夫人出来招呼。别看老画师的作品抢手，随便一张小画，在国际拍卖市场就能卖上万美元，家里可是十分局促，房间不能说不多，但是间间如同栈房，东一堆、西一堆，连那最重要的画室，不但桌子不大，而且满是油烟味。至于灰尘就更不用说了，我从一进屋就鼻子痒，连打了五六个喷嚏，而且差点犯了气喘，只有匆匆落荒而逃。

但是，跟着我又去看另一位老画师，应门的是比他年轻三十多岁的太太，从进门就见她跑出跑进地忙，家里整整齐齐，电器用具全是最新式，连那为画配框、包装，乃至计价、参展、宣传，都由夫人一手包办。屋内的光线更是明亮，令人一进去就有精神，岂像前一位老先生家里一片灰暗，说得难听，是有一种晦气。

前者在我拜访之后不久就过世了。为他超凡的艺术成就感伤之余，我不禁想：

如果他的妻子能像后者一样，是否会因生活起居的舒适、生活态度的积极、治家方法的现代而活得长一些？甚至他的艺术成就，都可能因为有一个懂得推广的太太，而能有更高的表现？后者年岁比前者大得多，不是还在少妻的陪同下，四处旅游、创作吗？

我深切地思索，那些有年轻妻子的老人，如果真是平均较长寿，是否并非因为“身体的接触”，而是由于他们被照顾得不同。

如此说来，做丈夫的实在不必把注意力放在别人的少妻上，而应该与自己的老妻共同讨论：

我们是不是该用较年轻的方法与观念来生活？我们是否因为年老而过于封闭、显得小气，如果自己做不动，是否应该请个人来帮忙料理？

把环境弄得舒服，少生病，就算花点钱，也是值得的啊！

至于那有少妻的老先生们，则不必过早得意，因为如果你的年轻妻子懒散、落拓，甚至有过于别人的糟糠老妻时，只怕你会更提早地把遗产交出去！

非我去寻芳，只是误入桃源！非我要偷窥，只是被我看到！
既非吾之本愿，即使出轨，倒也能心安。

君子坦荡荡

故事一

丁当！门铃响。

我像触电似的从沙发上弹射出来：

“快！快收报纸！彩色版！姜受延出浴。还有，还有另一张！对了！就是那个穿帮照！来不及？先塞到沙发坐垫底下好了！我去开门，不成！还有里面的香港版，广东文章他看不懂？可是看得懂漫画啊！”

打开门，儿子早等得不耐烦了：“怎么这样久才开门？我好饿！”做祖母的听到，忙不迭地摆碗筷，并端菜上桌，可是，天哪！我暗叫一声不好，在那锅子底下垫的报纸，不正是昨天藏起来的蓝毓莉舞台秀照片吗？而那个十四岁的小伙子，正一边扒饭，一面目不转睛地盯着看呢！

故事二

“快啦！我没空等你！”接着喇叭猛响。等老王冲出门，太太已经在车上生火待发了。

“专为女人剪头的师傅，会不会理得女人气的啊？”老王心里直不安。

“最起码比你们那种观光理发厅剪得好！”太太眼睛一瞪，寒光直射人心。

“至少是用真正的剪刀理发！而且你看吧！里面

的客人，三分之一是男的。”

走进美容院，果然有不少男士，像是幼稚园孩子般坐在那里静候发落，至于他们的身边，则多半有着一位英明神勇、“发”力无边的夫人。

故事三

“咱们就在这家餐厅聊聊吧！”

“可是情况好像不太妙啊！你看那女侍的眼神也有点儿怪，还有怎么一张张桌子后头，坐的都是年轻的女孩子，还直往这儿看呢！东西也难吃，不是孙二娘开的人肉铺子吧！”

以上三个故事都是我们见怪不怪的事情，却也显示了台湾一个特有的现象——

为什么美国家长不会藏《纽约时报》《每日新闻》或《今日美国》呢?

因为他们分得很清楚，报纸就是以新闻为主，至于杂志，如果你爱体育，有体育杂志；如果你想买东西不吃亏，有消费者杂志；如果你爱野生动物，有野生动物杂志；如果你对自然人文地理感兴趣，有国家地理杂志；如果你是好色客，有好色客Hustler、花花公子、花花女子和阁楼杂志；如果你还觉得不够热，更可以到成人书店去买Selector、Gourmet和Sixteen。

为什么美国的妻子不会保驾着丈夫理发？上餐馆也不必怕进了黑店呢？

因为少有挂羊头卖狗肉的理发厅！如果你是纽约客，想找刺激，大可以去四十二街、时代广场。还不够，则开车去哈德逊河畔码头或曼哈顿南边的醉猫街。至于上餐馆吊马子，何不明目张胆地去单身汉俱乐部和上空酒吧，而且不怕找不到，因为招牌上写得清清楚楚。

或许这就是中国人的含蓄与老美冲动的不同之处吧！

我们的男士想看养眼的照片不好讲，想去寻幽访胜又不敢说，聪明的主编，自然想出两全其美的办法，使得正襟危坐的君子，在看严肃的国家大事、说言宏论之余，兼能得色相之美。使那说是去理个发，好参加明天汇报、上台演讲的正人君子，踏入雾气氤氲、香烟缭绕的理发厅，乃至吃个下午茶时，也兼得武陵人入桃源，忘路之远近的搜奇访幽，乃至探险的趣味。

若果真有个遭遇，且被发现，则当事者可以说，非我去寻芳，只是误入桃源；非我寻艳色，乃是偶然得之。好比拾遗而昧的人说，这不是我偷来的，只是别人遗失被我捡到。于是既然没有预谋，即使犯罪，也不太大。既非吾之本愿，即使出轨，倒也能心安，岂不妙哉？

问题是“名不正则言不顺”，这种似是而非、方圆莫辨的“道理”和自我逃避、假冒伪善的态度，只怕已经十足影响到我们的社会。甚至有一天造成“德之不修，学之不讲，闻义不能徙，不善不能改”，原因很简单——弄不清什么是义，什么是不善。

“寡人有疾，寡人好色！”这话是说得卤莽，但也显得率直，总比那看似目不斜视却有偷窥症，甚至说“不是我要偷窥，只是被我看到”的人来得好些。所以我主张理发店、餐厅、咖啡馆，乃至书报杂志一律仿照电影分级，各“尽”所能，各取所“需”，则人人能去除虚伪的外表，是谓之“君子坦荡荡”！

有青春、有美貌、有财产、有美国籍，
但是不嫁。不敢嫁！

留学生失婚症候

在我纽约的绘画班里，有三个未婚的女生，一位学电脑，一位学旅馆经营，一位学会计，她们都是美籍华裔，有很好的家世和不错的收入，其中一位最近还买了一栋独门独院的大房子。论才艺，当然更是不差，不但中、英文俱佳，而且画得一手好画。

问题是，她们都三十出头，居然连恋爱的消息也没有。

读者或许要猜：想必她们都很丑！

那么让我告诉您：她们不但不丑，而且很漂亮，其中两位甚至称得上美女。

每年我暑假返台之前，其中一位女生都要对我说：“刘老师，您可要为我留意呀！帮我找个老公回来，差不多就成了，我不挑的！”

可是每一年，我都空手而回，甚至没有为她打听，因为我知道，就算找到也成不了，否则在美国那么多人追，她们为什么仍然小姑独处呢？她们对在眼前的男孩子，尚且如此自我保护，谨慎得像是穿了铠甲，又怎可能信得过我从台湾带回去的男朋友？

“只怕他图我是公民，想借我拿个‘永久居留’吧！”

“只怕他在台湾早有要好的女朋友，甚至已经订了婚呢！”

“台湾不是流行一句话——‘讨个好老婆，少奋斗二十年吗’？”

“我是不是应该在未婚之前，先办夫妻财产分开？”

这是我经常听到的事。我甚至亲眼看见：

有一个在台湾念完专科，又去美国留学的女孩子，再由大学部读起，并在班上认识了一位香港侨生，两人交往几个月，同进同出形影不离，原本大家都以为他们在毕业之后就要论及婚嫁，岂知有一天女孩子提到由于没有绿卡找工作困难之后，男孩子先是一怔，当天晚上就避而不见了。

“因为我念大学部，那男生以为我是美国高中毕业，早有了绿卡，等到真相大白，当然会离开！”女孩子居然一点也不伤心，“他根本就是要找绿卡谈恋爱嘛！不过也好！我原来也以为他有绿卡呢！”

听了这个故事，使我恍然大悟，原本以为，没绿卡的与有绿卡的人结婚，是天作之合。如今才发现，许多这样的搭配，反而因为对对方的不信任，而难有结局。因此，有绿卡的人，往往结婚的对象，还是有绿卡的，只有如此，才能令他们安心。这也正是我不愿意为那三个美籍华裔女生介绍台湾男朋友的原因——没有信心，怎么可能谈恋爱！

有时男女双方固然有信任，毛病还可能出在家长身上。我知道这么一件真事：

有位台湾的中学老师，到美国留学，并嫁给了一位小时候认识、早年移民美国的男朋友。婚后男方家长坚持不为女方申请居留，就是要考验她是不是真爱自己的儿子。而那女孩子在长久的不被信任和委屈之后，居然一气之下拂袖而去，使得男方家长得意地说：

“看吧，根本就是为了绿卡！”

除此之外，最近我那十七岁的儿子，也给我一番启发。

有一次我问他：“要不要我在台湾为你注意一下未来可以交往的对象？免得将来讨个洋妞。”

他居然回答：“我宁愿找个在这里长大的中国女孩，至少我不必花时间教她如何适应美国的生活！夫妻要一起面对挑战，慢一步都不成的！”

此外，对台湾留美女学生造成影响的另一个因素，是祖国大陆留学生的大批进入美国。曾有一位台湾男留学生对我说：

“台湾留美的女生，自以为能考过托福，又有钱自费留学是多了不起，我宁愿找个吃苦耐劳的祖国大陆女生！”

至于台湾来的女留学生，也妙！居然有人讲：

“如果要玩，最好别找台湾来的男生，因为你只要跟他约会两次，半个留学生圈就都知道了，没多久满城风雨，只怕以后要嫁都难！”

各位读者，您能怪我不为自己的学生介绍对象吗？只因事情太复杂了啊！

但是我也要提出一个观念：

不论在哪里，恋爱的基本条件是互信与平等，堂堂中国青年，教育素质绝不比美国人差；中国今天的力量，更有凌驾美国之势。所以不要存着留学找对象的想法。回过头来，有多少本国男女精英在等着你！

把在美国留学的经验、受挫的愤懑，加上国内的经济成就，和你另一半的冲力，才是最佳的结合啊！

至于我那三位美丽的学生？

我会建议她们先解除自己的铠甲，再在广大的美国寻找，而不必占据“台湾名额”！

明太祖若生在今天，只怕要下旨：

“把这丧心病狂的‘社会’，拖出去斩了！”

拖出去斩了

前些时，报上登了这么一条新闻：

有个人开车不小心，撞了一对母子，孩子没事，母亲受了重伤。

肇事者在路人协助下，将妇人抬上车，疾疾地开往医院，却在半路丧心病狂，一不做二不休地把妇人推到山沟里。

所幸伤者的家属查出肇事者，逼问出实情，终于找到奄奄一息的妇人，而且在抢救下脱离了险境。

当时朋友间谈到这件事，一个反应是那人太笨，意外撞伤人本来没多大罪，又有汽车保险，如果他好好把妇人送医，脱离险境，可能没事。另一个反应则是此人良知泯灭，应该拉去枪毙。

后来的结果我不知道，但心里总认为：大家似乎应该想想，是什么原因使他丧心病狂？是不是这个社会，在无形中给了他不正常的观念？

我有位高中同学，大学刚毕业时，勉强在贸易公司谋个外勤的工作，任务是由基隆押货到高雄，再由高雄押回台北。

“为了赶时间，我们常在夜里跑，纵贯路上（当时还没有高速公路）灯不够亮，路面又不平，时常看见骑飞车翻倒在路当中的人，满身是血地趴在那儿，我们必须小心地绕过他……”同学说。

“没下去救吗？”我问。

“我是想下去救，但司机说救了会倒霉，那人或他的家属会赖上你，硬说是你撞的。”同学笑一笑接着说，“刚开始心里很不舒服，看多就习惯了！”

这使我想起多年前，有一天在计程车上看见一个被车撞了的人，满脸流血地倒在地上，许多人围观，却没人过去救助。

“这人头受了伤，应该扶起来坐着，让血往下流。”司机说，“否则必死！”

下车时我问他：“你既然知道扶起来可能救他一命，为什么不停车下去救？”

“你既然听到我这么说，为什么不叫我停车，自己下去救？”司机冷冷地回答。

这件血淋淋的往事，让我一直羞愧到今天。

前年十月十日下午四点钟，我由六张犁山上扫墓下来，在山脚看见一个浑身是血的男孩子，躺在路边挣扎，全身发抖，缩成一团，鲜血正从他前额的裂口不断涌出来。

好像倒回多年前的那一幕，许多人站在远处观看，男男女女，老老少少，围成一个三丈的圆圈，路中间是一辆撞得不成形的自行车。

我的司机也跟前面说的货车司机一样，小心地闪过自行车，继续往前开。

我叫他到有公用电话的地方停车，去拨119。他不愿意等，我只好跑回出事的地点。

孩子还在挣扎，血流得更多了，救护车迟迟未到，四周观者如堵。

终于有个年轻的女人过去抱起那孩子，她走了两步，喊太重了，但四周没有反应。

我冲上去把孩子接过来，鲜血立刻浸透我的衬衫，我大喊："有没有车？"

隔了几秒钟，一位男士挣开身边的家人，跑向不远处的一辆空计程车，他也是位职业司机。

我们先把孩子送到最近的私人医院，里面出来人看了一眼：不收！

车子只好沿基隆路驶向国泰医院。

孩子被担架抬了进去，我向急诊处柜台借抹布擦脸上的血，有位五六十岁的男士过来对我和司机先生说："你们是善心人吧？小心，会倒霉的！"

我们没有倒霉，孩子清醒后对赶到的家人说是自己骑车从山上的斜坡向下冲，撞到挡土墙受的伤。

119的救护车也赶来了，解释迟到的原因。

名叫谢瑞和的司机免费开车把我送回家，因为我染了满身鲜血，没有车会载我。

"今天我休假，本来岳母叫我少管闲事，"谢先生说，"但是看你把他抱起来，我也就不再犹豫了，救人命重要！"第二天，我去医院打听，那位姓许的小弟弟虽然断了几根骨头，但是已经脱险。

如果他要感激，应该感激那第一个把他抱起来的年轻女人。

至于我，因为西装笔挺，毕竟迟疑了一下，既然迟疑，就算不得善。

据说明太祖的儿子有一次落水，被许多臣子救上来。明太祖下旨，凡是衣帽不脱就下水的，一律连升三级。至于脱了衣帽才下水的全部杀头，因为先考虑自己衣冠，才想到救太子命，不可能是忠臣。

照这个标准，我岂不也该杀？

今年春天，我坐计程车驶过台北市敦化北路时，司机突然一叹：“开到这儿，让我伤心！上个月搭了一位别人拒载的老先生，上车脸色就不对，叫我开去医院，才到这儿，人一歪，死了！”他又一叹，“我赶紧把车卖掉，不然要倒霉的！”

我心想：“死当结草！鬼也有良心，你救他，难道他还要害你不成？要害也该害拒绝救他的人呀！”

在《人生真实面》专栏里，我曾经写过一位冒牌医生，深夜开车过桥时，看见一个骑士因为速度太快而翻车，他知道那人受了重伤，只是怕暴露自己的身份，终于没有下车救命。

许多人看了之后，问我是真是假，我的答案是：那是我朋友的亲身经历。

在这个号称充满人情味的社会，几乎天天可看到这一类“见死不救”或“为德不卒”的事。而且自找借口地说：“救这溺水的人，下次你就是替死鬼！”“救这将死的人，他死前糊里糊涂，会抓着你，说是你撞的！”“别载这病危的人，死在车上会倒霉的！”

至于最普遍的，则是“少管闲事”！

救人一命，居然称做“闲事”？

所以当我们咬牙切齿，说应该判那将伤妇推入山沟的人死刑时，是否应该扪心自问：“是不是五十步笑百步？”明太祖若生在今天，只怕要下旨：“把这丧心病狂的‘社会’，拖出去斩了！”

我们为什么不用儿时的眼睛去看、去想：
“多有意思的东西，上面什么也没有，可以让我去创造。”

给我一张白纸

打电话给一位从事编剧的朋友，问她的近况。

“接了一档戏。把原作改编成脚本，但是原作简直不能看，读来读去，说有多烂就有多烂。”她回答。

“真可怜！”我同情地说，岂知她居然笑了起来。

“有什么可怜呢？应该说是走运！假使原作写得烂，我编得也烂，才叫可怜。相反，如果我能把剧本编得好看，怎么能说可怜呢？”她把声音放大，“原作愈烂，编剧可以发挥的地方愈多，所以是走运！”

放下电话，想想她的话，倒觉得有些人生的哲理。

以前读过一则笑话：

“十字路口新来了一位英俊的交通警察，住在附近的一对姐妹都挺心仪。有一天姐姐才进家门就高兴地说：‘那警察对我真好！看到我过街，就换绿灯。’

“接着妹妹回来了，也高兴地讲：‘那警察一定喜欢我，因为他看到我要过街，就马上改成红灯，让我等久一点，好多看看我！’”

妻在美国大学的入学部做系主任，常说那是全校最忙的，别的系都闲得没事，她的部门却喘不过气来。

我说：“劳逸不均，谁愿意到你的部门呢？”

“错了！”妻笑道，“就有那么多人宁愿从懒散的部门调过来，因为事情愈忙，愈表示自己有存在的价值！”

记得初到美国时，每次欣赏盛开的山茱萸花，美国朋友总会说：

“四个瓣的花，像十字架，所以每个花瓣的边缘，都被天使烧了一个焦焦的缺口！”

那些山茱萸花瓣上，确实都有个灰褐色边缘的缺口，活像是被烧过。然后美国朋友就会强调：人世间怎能那么完美呢？就因为不完美，上帝才有事做；就因为有罪，才有十字架。所以人带有原罪并不表示无药可救，正因为这样，我们活着才有得追求。

在美国，经常可见到一对父母带着好几个残障的孩子，每个孩子的残障不同，人种可能也不一样：原来是认养的。

当许多亲生父母为了所谓“自己的幸福”，把残障的子女丢给社会救济单位，甚至从此再不去看一眼，只当孩子不曾存在过的时候，居然有那主动去背负十字架的人。

我的小女儿很喜欢画画，当我看到杂志上美丽的图画，常会剪下来给她。令人不解的是，每个成人都会喜欢，甚至愿意框起来的图画，那三岁的娃娃居然不爱，她宁愿要一张白纸，她有自己的道理。

“人家都画好了，还有什么意思？”

年轻与世故，会不会差异就在这儿呢？

小时候当别人拿给我们一张白纸时，我们会好兴奋、好兴奋地接过，并去找自己的蜡笔。然而在二三十年之后，当别人交给我们白纸时，却失望地丢在一边：“无聊的东西！什么也没有！”

我们为什么不用儿时的眼睛去看、去想：“多有意思的东西，上面什么也没有，可以让我去创造。”

我们是何其巧合地生在这个时代——一个伟大却不完满的时代，一个有许多十字架需要我们背负的时代！

能背负这十字架，多么的有幸！

“无有不如己者。”对于这句话的道理，
美国人显然远不如我们领会得深入。

“无有不如己者”

某日到朋友家做客，正逢他孩子放学。十几岁的大男生，把书包往沙发上一甩，就大声地抱怨：

“我写得那么好的作文，居然被老师骂文不对题，退回重写，真是把我气歪了！”

“你是怎么写的呢？”我问，“跟题目差得很远吗？”

“不但差不远，而且我认为自己讲得头头是

道。”孩子说，“我一开头就举例：我家大楼里的公用走廊，原来很宽，但是很多住家把门向外推，走廊就成为了他家的客厅。我家不远的地方，有一个小公园，住在旁边的人，划出公园一角来种菜，据说他家不但用不着买蔬菜，自己还吃不完。我每天在去学校的路上，常会被冷不防地浇一身水，因为马路旁边变成了洗车场。我家用的信封信纸，从来不必出去买，只要把我老爸公司的名称涂掉就成了。”男孩十分得意地说，“然后，我下了一个结论：由此可知，‘无有不如己者’！没有什么东西，不像是自己的！这就是孔子大同理想的实现！”

“说得好像很有道理，最起码反映了社会现况。”我说，“那题目是什么？为何文不对题？”

“题目原来是老师口头讲的，我以为是‘无有不如己者’，后来才知道是‘无友不如己者’！”孩子的脸有一点红，却又猛一抬头，“可是我写的，不是更有理吗？”

这件事，使我想起两年前纽约的一个大新闻：

有位野生植物专家，突发奇想地大登广告——在中央公园开班授徒，指导大家挖掘公园里可吃的野草。

在厌倦城市文明、工业食物的纽约，立刻引起广泛的回音，尤其是素食者，更是趋之若鹜。

于是每天在中央公园，就见一大群人，弯腰弓背，做拾荒寻金状，在大片草坪上，地毯式地搜索。有人当场下肚，有人更吃不了兜着走。

没多久，野生植物专家被抓了，理由是“教唆盗窃公有财产”。

案子闹上了法庭，植物专家说得也有理：“每年中央公园用在杀杂草上的钱，不知有多少，而我是带大家吃杂草，从来不碰正式的草，可以说为公除害。像益虫、益鸟一样，是‘益人’，怎么能算是盗取公物呢？”

官司打了好一阵子，吃草的人还是败诉了。只是后来听说被公园聘去开班，由公园招生收学费，再发薪水给他。也可以讲“换汤不换药，只是名正言顺”罢了！

这又使我想起十多年前刚到美国时，所住社区闹过一个新闻：

有人觉得消防栓太难看，于是用各色油漆加以美化，画成圣诞老人或小丑的样子。又在安全岛上种花。结果被警察抓去，说是破坏公物。

当时更有美国老华侨提醒我：

“在美国要小心！譬如你把垃圾拿到街边放着，等垃圾车来收，突然想到里面丢了不该丢的东西，而再把垃圾提回，就算违法。因为垃圾只要放到马路边，就是政府的了。如同你把信丢进邮筒，就不能再后悔地取回。”

有一天我拿这件事问邮差。他一笑：

“没错！譬如我们送包裹的邮车，开到你门口，你千万不要好心地跳上车来帮我抬，因为那就像是你跳进银行保险库一样违法。又譬如，人家门口常立着一个小邮箱，你不要以为那是属于私人的。如果你去别人邮箱里拿走一样邮件，被抓到，要判作偷窃美国联邦政府财产，是要被重罚的！”

“无有不如己者。”对于这句话的道理，美国人显然远不如我们领会得深入。

如果这个社会像是一辆由我们驾着的奔驰的马车，当马跑得飞快，创造举世惊叹的经济奇迹时，我们会不会反而被摔下了车子?

奔驰的马车

楼里有人搬家，门口的大厅里堆满了家具。

“是三楼的方先生乔迁，从我们这儿搬到一个更豪华的地方。我去过一次，将近二十层的大楼呢！每一层电梯出来，都宽敞得像是我们门口大厅一样。”管理员对我说。

但是看那些家具，我却有一种怎么样也配不上所说大楼的感觉。弹簧已经凸出来的床垫，褪了色的窗帘，生了锈的垃圾桶，脱了皮的五斗柜，堆满灰尘的电视机。

是不是正因为节省，使他们能“更上一层楼”？

是不是正因为不分昼夜地“打拼”，使家里疏于照顾？

问题是，既然生活的品质已经不重要，又为什么在房子上追求一等的品质？

我真是很难想象，当他把这些破烂家具放进新居时的样子，“乔迁”本来应该代表“苟日新，日日新”，又一段新生活、新品味、新层次的开始，他却把过去的腐朽与灰尘，一股脑儿地带了过去，甚至以往的心情和生活态度，也全盘做了引渡！

有一个朋友几年之间发了大财，于是决定从原先的小房子移入一栋独门独院的透天厝。去看房子的时候，逛完精品屋，夫妻都兴奋极了，好像一下就要跳上枝头成凤凰。但是房子才落成，丈夫就对我私下抱怨：“奇怪！我以前没觉得老婆的品味差，怎么现在连挑壁纸都不会，贴起来左一块绿，右一块红，说多不配就有多不配。而且她的身体怎么也变得这么差，去监一下工，回来就累得孙子似的，将来房子大，她哪里还照顾得过来？”

隔一阵子，那丈夫又说了：“我现在才发现办公室的秘书不简单，厕所里的肥皂盒、毛巾、润肤剂、小花瓶，甚至挂一个装了香花的小包包，每件东西都是一个色彩、一种调子，那么搭配。回头看看我的新家，外面壳子几千万，里面该多土有多土，她怎么连毛巾都不会买呢？”

没想到有一天到他们家做客，席间那太太也说了话：“我告诉你，自从有了新房子，我发现里面最不搭调的就是我老公，他不但上厕所不掀坐垫，而且往大理石脸盆里擤鼻涕！”一面说，她一面端上菜肴，每一盘用的碟子颜色都不同，而且有不少缺边损角的地方，不小心，就可能割伤。

我心想这房子好比是几千万的硬体设备，他们却舍不得花几十万块钱买些好的软体配合。墙上挂的全是彩色月历、海报、廉价商品画，窗外虽然对着青山，洒进温馨的阳光，却也照出了一屋子的脏乱，这种生活态度，到底对不对呢？

有位英国朋友对我说了个笑话，当他给乞丐一小块牛排时，乞丐坐在阶前，先从口袋里掏出餐巾，又由提包里取出刀叉，然后正襟危坐，细细品尝。

“穷归穷，品味不能不重视。”他笑道。

这也使我想起某日到纽约一位艺术家家中做客。到达他住的地区，吓一跳，连他自己都事先叮嘱：“千万开辆破车来，否则一定被偷！”

但是穿过两道铁门，走过黑黑的长梯，进入屋中，却让人心为之一惊，精神为之一爽。那么宽敞、那么简单的布置，除了音响，没有值钱的东西，却每样东西，都那么有格调，好像专为他家制造的。

他端上一杯可乐，杯子是高脚冰花玻璃的，先放在冰箱冻过，再注入可乐，加上冰块，拿在手上，不用喝，自有一种雅致与情趣。

这也使我想起在日本欣赏茶道，茶跟点心都并不十分特殊，但是那茶具，那程序，那种“和、静、清、寂”的境界，以及先用水泡过的花器和含苞带露的花，令我深深感动。

什么是精致、品味？它并不与金钱成正比！室小只堪容膝，楼低可以摘星，就算郑板桥的“秋星闪烁颓垣缝”，能有品、有味，自然风流雅趣！

于是值得深思的是：如果这个社会像是一辆由我们驾着的奔驰的马车，当马车跑得飞快，创造举世惊叹的经济奇迹时，我们会不会反而被摔下了车子，如同那一位买了豪邸，却发现彼此最不能搭调的夫妻一般？

更进一步想：当经济起飞，人性起飞了吗？

日本索尼创办人盛田昭夫在《一个可以说No的日本》中批评日本人的胸怀，建议日本企业家在把产品推向世界舞台时，也把“自己”投入世界舞台，成为赞助者、参与者。

这几句话是不是也值得我们深思呢?

如果我们不能除旧布新，用新的眼光、新的胸襟、新的视野来看自己创造的“这个新的大好环境”时，只怕未来不搭调的不是“房子的主人和房子”，而会是“这个世界和我们”！

让我们一面赶着马车奔驰，一边改进车上的设备和自己的姿势，才能跑得更快，驾得更稳!

让我们放心吧！放下自己的心，也放下他们的心。
让一切随着自然的现象，都变成一种自然；
让每一片挂碍，都成为一种坦然！

单亲家庭不是问题

一位中学老师对我说：“现在单亲家庭的孩子愈来愈多，未来在教育上，会成为很大的问题。”

我说：“如果真是愈来愈多，也许就不成为大问题了！”

读者对我这句话或许有些不解，那么让我说几个故事吧。

故事一

有一天，我儿子同学的妈妈突然打电话来，指名要找我儿子，原因是她女儿有个加拿大的男朋友到纽约来，请求在她家住几晚。

“她女儿男朋友的事，为什么要找你呢？”我问儿子。

“因为那男生我也认识。她不放心这个大男生跟她的两个女儿晚上在家，所以向我调查那个男生的品行。”

“她不会自己看着女儿？”

“她上夜班，夜班钱多，否则没办法养家！”

“她先生呢？”

“单亲家庭！”

故事二

“我能不能放学之后去麦克家玩？去陪他？”儿

子早上问。

“为什么不带他回家来玩，让他陪你？”我说。

“因为麦克要在家陪他弟弟，给他弟弟做饭吃！”

“他妈妈呢？”

“跟男朋友去佛罗里达度假！”儿子一笑，“他爸爸Walk out不见好多年了！”

故事三

一阵刺耳的摩托车声传来，儿子对着窗外睁大了眼睛：“哇！杰克才买了新的自行车，居然又添了一辆机车！他爸爸可真是大方！”

“杰克不是单亲家庭，他爸爸早离婚走了吗？”

“对啊！但是为了讨好儿子，隔一阵子就会买个昂贵的东西送给杰克。”

故事四

儿子到女同学桃乐丝家玩，半夜十一点打电话回来："能不能来接我？因为地铁已经不安全，计程车又叫不到！"

"你不是说桃乐丝讲过，如果太晚，她妈妈会送你回来吗？"

"她妈妈怕她爸爸突然跑回来，她们离婚很久了，可是最近桃乐丝的爸爸常跑回去，而且脾气不太好。"

以上，我举了四个单亲家庭的例子，他们或因为只有一个人赚钱而经济情况不佳；或有个不辞而别的男主人；或有位拿钱讨好孩子的离婚父亲；或有个离婚之后，仍然来骚扰的爸爸。

读者可能要讲，这不是已经造成问题了吗？为什么我反而说"如果真的愈来愈多，也许就不成为大问题了"呢？

那么请听我再说个故事。

小和尚问师父：“怎样才能修到最高的境界？”

“你要做到‘放心’两个字！”

“怎样才能‘放心’呢？”小和尚又问。

“当你这么问的时候，你已经不可能‘放心’了！”师父说，“你一心想着怎样放心，那‘心’已经被你提起来了，又怎么放呢？所以要放心，就先不要去想那心，心是挂碍，你既然能不念着，挂碍也就放下了！”

对！心是挂碍！如同那些单亲家庭里有着许多挂碍与矛盾，本来就是问题，我们不能否定那些问题的存在。但是，我们愈把它当作问题，问题变得愈大。如果不去夸大这些问题，问题就变得有限了。

如同我儿子的那些同学，都处在有“问题”的单亲家庭中，但是过得正常极了，他们毫不避讳自己的父亲出走、母亲交了新男朋友、单亲赚钱不够用这些事，反而能为单亲分劳，照顾弟妹，出去打工帮助家用。当你看这些孩子谈笑间说出自己特殊的家庭情况时，真觉得他们是在说别人的事。更没有一个听到的人，会觉得那单亲家庭的状况有什么稀奇。也就因此——

挂碍消除，他们放心了！整个社会也做到了“放心”两个字。

据美国社会学家的调查，二十世纪七十年代初期，全美单亲家庭占九分之一以上。至于二〇〇〇年，由未婚妈妈主持的家庭更占了全美家庭的五分之一。问题是，这惊人比例的家庭，除了显示经济上因为一个人赚钱而平均较不富裕之外，并没有造成多大的社会问题，那些子女也都表现得跟一般孩子没什么不同。道理很简单，这种情况愈来愈普遍，没什么稀奇，也没有人会用异样的眼光去看待。

无可否认，随着整个社会的变化，由离异父母、未婚妈妈组成的单亲家庭，可能愈来愈多。也无法否认，如同我前面举出的例子，那种家庭可能会有一些问题。面对这个趋势，我们的社会应该如何去帮助他们呢?

相信你知道答案了。让我们放心吧！放下自己的心，也放下他们的心。让一切随着自然的现象，都变成一种自然；让每一片挂碍，都成为一种坦然!

纽约客谈

这一章写纽约的鲜事、奇事，
也写我在纽约的滑稽事……

“纽约客”常会对刚来的人说：“如果你只住上半年，你会天天都巴不得逃离纽约；但是假使你住了一年半，则打你你也舍不得离开。”纽约如烟、如酒、如咖啡、如海洛因，如一切令人上瘾的东西，使你恨，也使你爱，使你诅咒，却又拥它入怀。

纽约，真好

在纽约，我住了四年，曾经早在三年半前，就想写篇东西介绍这个不平凡的城市，但是由于事务繁杂而一拖再拖，结果由对纽约最强烈的第一印象，到愈来愈深入的体会了解，由无暇动笔，到不敢动笔。如今，自己虽早成了一位所谓“纽约客”，却惭愧地不曾在文字中，好好介绍这个我旅居最久的地方。

传说中的纽约

“你想去纽约久住吗？千万打消这个计划，那简直是一个无比可怕的城市，那是一个贼窝，一个小偷聚会所，一个杀人犯的‘开放式监狱’……”

这是当我在弗吉尼亚州告诉学生们打算去纽约时，换来的反应。但是看我执意甚坚，学生们不得不由“阻止的恐吓”改为“悲悯的警告”。

“你千万记住，在纽约不要戴手表、戒指，不要放五块钱以上在口袋里，不要张望路牌，即使不认识的地方，也只能偷偷看街名，然后快快地走，仿佛很熟的样子。”

“你走在路上，要靠着人行道的左侧，不要沿着墙根，否则随时可能被人堵住；如果街上有人或车跟着你，则要快速闪入商店或人家；街上人少时你也要避免走在别人后面，或让别人走在你后面，免得你吓了别人，也免得别人吓了你。”

“任何人敲门，都要先锁链条，再打开一缝，或从‘猫眼’看清来人，再开门。深夜如果有人在街上喊救命，你要赶快把灯熄了，并上床睡觉，但熄灯时不要走近窗子，免得凶手以为你偷窥，而在作案后也杀你灭口。”

“如果你心脏病发作倒在路上，千万别忘记抓紧自己的钱袋；如果你出门，最好让屋里的电视开着；如果你开汽车，四个门都得锁着；如果你看到一个男人笑嘻嘻地向你走来，最好不要理他，因为那八成是个同性恋者……”

带着这许多警告和悲悯的告别与祝福，我离开弗州，来到了可怕的纽约，住了下来，而且一住就是四年多。这四年间，我没有忘记弗州学生的警告，也不曾否认他们的话，但是这四年，也使我爱上了这个城市，使我成为了它的一部分。这是多么矛盾的事，但却矛盾得真实而自然。

“纽约客”常会对刚来的人说：“如果你只住上半年，你会天天都巴不得逃离纽约；但是假使你住了一年半，则打你你也舍不得离开。”

纽约就是这样一个地方，如烟、如酒、如咖啡、如海洛因，如一切令人上瘾的东西，使你恨，也使你爱，使你诅咒，却又拥它入怀。

纽约是联合国，集合了世界上各样的种族；它也是一个万花筒，集合了五光十色。在这里有世界上最伟大的音乐、艺术殿堂，有世界第一流的服装设计与餐馆宴饮，有世界最高贵的绅士淑女穿梭于第一流的酒店、华厦，有世界最著名的建筑与公园。

但纽约也是世界上乞丐最多的城市之一，是“朱门酒肉臭，路有冻死骨”最佳的例子，是毒品的中心、娼妓的温床、罪犯的巢穴、小偷的市场。在这里有动辄十亿的买卖生意，也有为几块钱就杀人的勾当。这是精神病患的养成所，心脏病的制造厂，也是世界上医学最发达的地方。

纽约是用高楼、汽车、美女、醇酒、富商、乞丐、政客、刺客、音乐厅、餐厅、博物馆、酒馆堆积起来的。

从高空中看纽约，是地上的星海；从半空中看纽约，是百里红尘；从地面看纽约，是满地的垃圾；从地下看纽约，是穿梭纵横的地铁……

纽约就是这么一个复合品。谈完大体的印象，也让我为您分项地述说。

摩天大楼

远看纽约的大楼，如同墓园的碑林，以天线和避雷针为十字架，以千万的小窗为铭刻。入夜时，每一扇小窗都诉说着一些晕黄的故事，乍明、乍暗，在深蓝夜空的背景上，贴一幅多彩的剪影。

这里的树却对比成了草，这里的日月常被忘记，这里的灯光是星星，车鸣是雷声，人群是潮汐，这是一个真正的“人造的风景”。

摩天大楼的顶层，是观光的胜地。那里没有脱衣舞，却可以租给你各式的衣服装扮；那里没有黄色的照片，却为你制造泛黄的照片；你可以穿上拿破仑的军装，进入特别的“拍立得”相机，遁入历史，成为今天的纪念；你也可以买到各种风景卡片和纪念品，而在背后发现印着Made in Taiwan或是Made in Japan；你可以“更上一层楼”地走上阳台，看尺寸百里的景色和那围在四周、防人跳楼自杀的通电的栅栏；你也可以投个两角五分硬币，从望远镜中看看中央公园。

到摩天大楼顶层观光，大约可以不必担心，因为这里只有一个电梯通地，又是最近上帝的地方，所以犯案率极低。

西四十二街

这是一个男人们想去也要去、女人却想去而不敢去的地方。

这里的烟，使人昏眩、发狂；这里的节目，使人脸红、心跳；这里的药，不是为有病的人准备，却能造成毛病；这里的玩具，不是为孩子们制造，却能制造孩子。

这里的电影，多半是三个“X”，看了之后，能使人飞出满天的X；这里的舞台，多半两人表演，但不曾听过一片掌声；这里有女郎，但不“阻街”而“留客”；这里有男士，不但“逛街”，而且“流连”。

苏荷区

有人蓬首垢面，有人长裙曳地；有人路角买醉，有人街边吟唱。百万富豪是过客，在画廊里一掷千金；穷困画家是住客，能在其中一夕成名。这里不要古典，要新奇；不要过去，要明天；不要现实，要“超写实”；不要真枪，要“喷枪”（作画的一种工具）。

在这里，你可以用旧瓶、破铁，化腐朽为神奇；也可以用白色的画布，点上几丝油彩，而成家；你可以竟日把胡子泡在酒里找灵感，也可以把灵感变成餐馆（许多艺术家开餐馆而致富）。

据说这儿的房子原本都是仓库和厂房，廉价卖给艺术家。墙壁大得正好悬画，房子大得可以容船。有些艺术家装了暖气、隔了间、铺了地毯；有些人却用来堆画，睡在油彩和画布之间。

据说这里的艺术家有些拥财百万，有些靠政府救济混饭，有些人靠做些装潢为生，有些人靠修古董赚钱。但是不管多么富或多么苦，他们都不愿意离开，因为：

这里是世界艺术的中心，在这里才能找到“尖端”。

中央公园

有人在这儿开万人音乐会，有人办演讲示威和游行，也有人摆摊子卖手工艺品，更有人坐马车、开汽车、骑脚踏车、长跑、散步、遛狗、野餐和划船。

这里有浓荫，有湖塘，有万顷草地，有千只白鸽；这里的闲静多于喧闹，坐在椅上的老人多于少年，躺在地上的青年多于老年。

这里东西横跨四条大道，南北纵横五十条街，四侧的高楼是边墙，又仿佛是两肋之骨，保护着这个城市的肺脏。大都会美术馆（The Metropolitan Museum of Art）和国立自然历史博物馆（American Mu Seum of Natural History）为它两肋插刀；青铜与白石的雕塑成为它的冠冕。当朗日和风，有万人躺在它的怀中，沉思、默想、呆望；当夜幕初垂，有马车的铃铛和蹄声，丁丁当当地传来。

可惜，这里也是罪恶的温床，抢劫强暴的地方，每一堵矮墙，都是大门；每一条大街，都是捷径；每一处树丛，都能躲藏；每一个单身的游客，都是最佳的对象。

哈林区

那里的夜晚特别黑，因为大部分的人都不反光。

那里有醉猫蹒跚地在十字路口踩着轻飘飘的脚步；有成群的男女围在酒馆前面谈笑；挂古董店招牌的实际常是旧家具店；挂着俱乐部牌匾的商店，实际常是介绍所；热门音乐的喧闹声中夹着教堂唱诗班的颂赞；文盲和流氓聚集的地方，隔两条街正是“常春藤”的哥伦比亚大学。

那里没有种族歧视，因为都是被歧视的种族；那里没有白人的欺压，因为白人早已自我放逐。

地铁

如果地上的道路是动脉，地铁就是静脉，输送着比较蓝的血液。

这里有四彩浓痰，有五色车厢（被不良少年喷画而成），有七彩招贴，有各色人种。

这里的人，抬头的少，低头的多，或是看书、或是打盹、或是编织、或是冥想。

这里的人沉默的多，说话的少；板脸的多，笑貌的少。因为车声响，说话听不到；因为坏人多，只怕一露出善相，就要被抢。

这里人多时，大家争着往空车厢挤；人少时，大家急着往人多的车厢挤。因为人多时要争座位，人少时要挤在一块才安全。

这里有学钢琴的美国女孩，被陌生人推下铁轨，碾断手指；有打抱不平的韩国人，被推下去压死；有难以统计的人被抢、被奸；有人为了没有火柴借火点烟而被杀，有人因为身上没钱可数而被害（去年地铁“进入统计”的窃盗案共八千三百三十八件，抢劫案计六千六百二十九件，强暴案三十六件，杀人案十三件）。

这里是最上轨道，也最不上轨道的地方。

地铁也常是初期移民前往纽约的原因，只为它四通八达，只为它快捷便宜。当地面上交通拥挤的时刻，地铁依然快速；在冰天雪地的冬季，地铁依然温暖。

所以，地铁车站的附近，常是热闹的聚落；地铁不到的地方，却常有高级住宅区（因为那些人有钱，可以自己开车）。

博物馆

从整座的神殿，到完全的庭园；从教堂的陈设，到墓中的尸体；从毕加索到韩干，自米开朗基罗到唐寅；从龙门的石刻，到罗丹的雕塑；从中国的唐三彩，到埃及的蓝釉小泥人；从数丈的恐龙到成群的大象；从最早的浮游生物，到女人的子宫……这里是整个人类史的集合展示所，展示出人类的伟大与卑微、历史与未来。

在这里，你可以足不出户，而看遍天下美事；你可以一笔在手，而画遍珍禽异兽。除了没有剥制真人为标本，各种动物都成了静止的风景；除了展示的橱窗，成万的艺术家及科学家，在做不断的创作与研究工作。

这里的博物馆可以接受捐赠收藏品，但只接受有资格捐赠，并且有条件被收藏的东西；这些博物馆人人可进，即使只付一毛钱（采取任意捐赠的方式），也欢迎你进去。

可惜的是，到这里的人，似乎观光客比本地人还要多。

百老汇

演奏中途，没有人会冒失地鼓掌。

剧场之中，没有人会嗑瓜子。

即使不懂，到这儿也得装得像；即使打瞌睡，也不能发出鼾声；即使没有空，也得赶几场大牌的演出；即使是大牌，也得鞠躬尽瘁地上台。

这叫做尊重剧场，也叫做文化。

不知是谁将Broadway翻译为“百老汇”，倒真有些传神，在那百老汇大道，确实有上千成百的各色商店，也有那数百年的古老建筑，更是世界著名演艺人员汇集的地方。

那里的剧场，白天前门可以罗雀，深夜后门睡满醉鬼，但是到那华灯闪烁的时刻，便见巴黎美女、伦敦显贵、美国政要、阿拉伯财阀与东方佳丽成群地拥来。黑色的轿车横排两条街，名牌的香水直飘三条路，而轻咳、浅笑、冬天半裸、夏日燕尾、腊月摇扇、三伏披裘，正是一副高级社会的典范。

于是：台上粉墨登场，演的是剧中人；台下描眉画眼，演的是“人中剧”。

中国城

纽约的瞎子不认识百老汇，也要认得中国城。

在这里，有过年的锣鼓喧天，有十月的万人游行，有沿街卖鱼虾、果菜的摊贩，有“闻香下马、知味停车”的中国餐馆。

在这里，白种人是“外国人”，中国人是“本地人”，有半句英文不说的老华侨、新移民，有老马识途、嚼着鸽子头的白人老饕客，有警察管不了的华青帮派，有自成社团的中国会所。

这里的电话亭上写着方块字，菜单上印着洋人不懂的英文，药店里堆着树皮草根，墙壁上贴着“左”“右”和“中间派”的政治广告。

这里的书从琼瑶到冰心，从《菜根谭》到《肉蒲团》，从老夫子到小亨利，从《本草纲目》到《人间词话》，且常兼卖邓丽君、凤飞飞等人的录音带。

这里有价值连城的古董、装潢裱褙的商店、丝绸锦缎的布庄、包揽全球的旅行社，和每天出发前往大西洋赌城的巴士。

这里有昔日的显贵、今日的寓公、留美的学者、偷渡的“移民”。这里虽是中国城，但难找到中国式的悠然。虽也有东方的甍角飞檐，却寻不出东方的闲静。外地的中国人匆匆地来，又带着口腹的满足、油油的嘴角与半车的蔬果、干货，匆匆而去。纽约的观光客成群地来，再带着纪念品和纪念照乘车而去。自从东方热之后，新闻与电影里常少不了中国城的景色，但是什么是中国城，什么是中国精神，难有几个人知道。

这里有中国的口味、中国的面孔、中国的声音、中国的聚会。在这里能重温旧梦，能兴起感怀，能减少乡愁。举目望去，那高楼华厦犹如当年上海的霞飞路和外滩；平头看去，那霓虹闪动，电影广告，正是台北的西门叮。午间饮茶，全是一派港式；烤鸭三吃，完全故都风味。杯盘交错，谁知尽是他乡之客；酒令衙开，都是“乡音未改鬓毛衰”。只是饮罢登车驰去，看夜幕深垂，曼哈顿的灯火正粲如繁星，而中国城已远，兄弟们又自东西，难免兴起一种幽幽的感伤：

故乡何处是，

忘了除非醉！

每一个人都深深感觉到：邻居的不幸，
也就是自己的不幸，更是自己能恪尽守望之责的一种耻辱。

守望相助

当我搬进纽约湾边的新居时，可以感觉到每一扇邻居的门后，都闪动着几双狐疑的眼神；甚至连我晚上搬垃圾到街边时，都发现有人隔着窗帘窥视。

也就在搬家的第二天，我收到了警察的罚单，原因是：不到收垃圾的日子，却把垃圾堆在门口，有碍观瞻。

“对不起，本来可以马虎过去，只是因为你的邻居看不顺眼，告了一状，所以我们不得不开罚单。”警察说。

“多么可恶的邻居，”我恨恨地说，“不要跟他们来往，太不友善了。”

但是，第三天下午，当我下班回家时，发现一直忙而未剪的草地，居然已经剪得整整齐齐。

“右邻一个胖子过来剪的。”母亲说。

“这太不好意思了，赶快去拜望一下。”当晚我就备了一份薄礼——中国点心，过去按门铃。

“欢迎！欢迎！”他们似乎早猜到我会过去，“我们正想一家去看你们呢！”矮矮圆圆的男主人引见了那面孔姣美，却身材庞大的妻子，以及几乎与母亲是同一个模子翻出来的女儿。

“天哪！你是圣若望大学的教授？”胖太太兴奋地叫着，“我正在那里修研究所的课呢！以后我的车子坏了，你可以开车载我一程。”

“我不开车。”我说。

“哦？！”她愣了一下，又笑了起来，“那你可以搭我的车。”

次日，这一家人果然穿得整整齐齐地过来，还抱了好大一盆花，且跟我那不通英语的老母，絮絮叨叨地讲了许多养花的道理，老人家点了不少头。

我们家的背景资料，似乎很快地在街坊间传开了，信箱里一下子多了许多贺卡，居然连附近报税公司、花店、洗衣店和鱼店，也送来了优待新居民的通知，还有那地区街坊会的缴费通知书及联合警卫公司的账单。

才是搬家之后的第三个礼拜，左邻一人孀居的曼妮老太太，为我们在她家里举办了欢迎会，所有的菜肴全由中国餐馆叫来，而且不晓得是否因为我是中国人，连她家的墙壁上都挂了中国风味的装饰。老太太身穿镶着盘扣的唐装，为我一一介绍。从她左邻的华格斯勒夫妇，对门的杰克，到半英里外她儿子当年小学同学的家长，和现住曼哈顿的独子。

“一个孩子绝对不够，等你像我一样七十岁的时候就知道了，真寂寞啊！”老太太像是万分郑重地叮嘱，“趁年轻，再生他半打！”

邻居们居然一齐附议。

从此每当我在后花园种花，并与曼妮遥遥相望时，她少不得走过来，趴着矮墙，再叮嘱一番，附带指导一些种番茄的技术：

“这后面是半里的树林，所以各种小动物奇多，浣熊、松鼠、野兔、山雉，都常常会来偷吃，所以不要等番茄成熟，就把大蒜打碎混肥皂水，喷在番茄上，它们怕蒜味，自然就敬而远之了。”

看来似乎十分专门，可是我发现她自己的番茄比我家的还营养不良，倒是野草长了一大片，茎蔓有两英尺高。

“老太太弄不动，我们帮她清一下吧！”我对儿子说，并带着他先用电剪刀，再用剪草机，把老太太院里的杂草除得一干二净。

没想到这一举，真是影响深远。过了几天，先看到老太太叫人运了一车沙土和红砖，接着每天一大早，便见她蹲在院里工作。她先把沙子撒在地上，再盖上一块块的砖头，有时候遇到凸出地面的树根，则拿着小斧头不断地砍，只听得丁丁声，一连就是两三个钟头。

于是对面的杰克出动了大斧头，华格斯勒先生扛来了锄头，我也拿出了日月潭买的番刀，花了一个星期的时间，老太太的花园真是令人"眼"目一新。

"我年岁大，锄不动野草，也没有剪草机，只有这样才能防止它们再长。"曼妮又去买了许多花，间隔地种上。从此每天我母亲在后园浇水，总不忘为她的新花喷点远水过去。

曼妮老太太岂止是没有剪草机，恐怕连雪铲也没有，因为她实在无此必要。前院的草坪，自有华格斯勒先生每隔一周为她修剪，到了冬天下雪之后，我和华格斯勒更争着为她铲雪。令人佩服的是，我这个夜猫子，有时候早上五点钟临上床前出去铲雪，发现华格斯勒老先生已经整装出来了。

“这是我的起床运动！”老先生挥手说，“你回家睡觉吧！”

我的夜生活，左邻右舍全知道了，所以每当早上送挂号信，家里无人应门时，自有邻居收下。偶尔碰到邮差，他则会向我报告些邻近地区的最新消息。譬如“对门杰克五十年的古董终于找到了修理的零件，本周日要试车”，“杰克的右邻，也就是他的小儿子，又生了个女儿，已经在门前挂起了一个粉红色的气球”，或是“右邻的右邻，那犹太老夫妇的女儿回娘家，还带了个小外孙”之类。

对于孩子的诞生，似乎是整个地区的人都感兴趣的事，就如同每个新邻居的迁入，能够令整条街的人瞪大眼睛一般。起先我不了解原因，后来才由邻居的闲谈间知道：有幼儿诞生的人家，显示屋主的年龄不会太大，这种青年或中年的住户，是最稳定的，不会像风烛残年的老居民，很可能撒手西归之后，房子就得易主，而那新的主人却不知道是什么样的。在纽约的高级地区，很可能因为一两户被称为低级住户的迁入，或因为人种的歧视，或由于这些住户对环境的不照顾，譬如该剪草而不剪，该整树而不修，造成整个社区的恶化。敏感的人，能因为新邻居的不妙，而趁房价未下跌前，快快脱手迁离。随着他们的迁移，更恶性循环地造成所谓低收入家庭的迁入和高级住民的迁出。也就因此，许多非常好的住宅区，能在几年之间完全改观，所以美国人对邻居的重视，只怕绝不下于中国。

此外，在高级住宅区内，除了正规警察的管辖之外，人们更常再请警卫公司昼夜巡逻。屋主出外度假时，他们甚至为你随时检视门窗。邻居们更有守望相助的组织，经常开会，从向政府抗议地税的上涨，到集体出动为公共设施大扫除。组织严密的社区或村子，活像是一个小国家。确实的，这个国家从联邦政府到州政府、市政府、区、郡、村、里，都表现着高度的自治，也就由这许许多多的小环节，紧紧地结合为强盛的国家。

当然严密的警卫巡逻还是可能百密一疏。有一天我从外回来，看见曼妮的门口停了两辆警车，她的大门则是敞开的。我赶了进去，屋子里已经聚了一大堆人，三个警察和四邻的朋友围着站在中间、吓得不断颤抖的曼妮。

“曼妮被抢了——她在卧室看书，居然有一对十八九岁的男女，从后窗潜入，偷走了她的银器和皮包里的钱。曼妮看见了那个女的，幸好男的已经出去，否则很可能会伤害曼妮。”杰克小声地对我述说经过。虽然是因为下班晚了，才使我不能及早赶到现场，但是仍令我非常惭愧不安。据说杰克的小儿子为了找寻可疑者，已经开车在四处绕了半个钟头。

“你为什么不喊呢？我们都在家的，而且你又有我的电话，为什么看到小偷之后，不从卧室偷偷打个电话给四邻，让我们把他们堵住呢？”华格斯勒先生叹着气。

“我为什么要喊，喊只怕更危险。”没想到曼妮突然严肃地宣布，“各位邻居，就算有一天你们听到我尖叫，也千万不要立刻赶过来，免得自己受到伤害，你们只要做一件事——打电话给警察。”

从曼妮事件发生之后，每一家都更谨慎了，大家不单是谨防自己被盗，更注意着左邻右舍。因为每一个人都深深感觉到：邻居的不幸，也就是自己的不幸，更是自己未能恪尽守望之责的一种耻辱。

我双手持剑，从走道穿出来，进入客厅，再右转走向楼梯口，大声对楼下喊："谁在楼下，我有枪！"喊了两声，才发觉说的是中文……

谁的脚印

"你这么一大早，跑到后面去干什么？"我才打开卧室门，母亲就拉着嗓子问。

"没有啊！"我还没全醒，模模糊糊地答。

母亲没有吭气，径自安排早餐去了。今天是星期六，一家人难得能一块儿用早餐的日子，至于平常总是各自料理，孩子先连跑带吃地塞几口，冲过街赶校车；妻则咬一口猫食在嘴里，边嚼边开车地去上班；至于我总是最后起，如果当天不教课，则来个brunch。

“幸亏今儿是礼拜六，这种小雪，路最滑了。”妻看着窗外，高兴地说。难得看到她没化妆的样子，好像换了一个老婆。

“再下一阵子，就可以在后山坡上滑雪橇了！”儿子讲。

“什么时候去玩雪都成，别像你老子，才起床就往林子里去，要赶着拍照，也得等吃完早饭，身子暖了再去，刚起床，最容易感冒了！”

“您说什么啊？”妻张大了眼。

“我说你老公，早晨从床上溜出去，你居然还不知道，睡得多死！”

妻转头看我。

“我没出去啊！”

“你算了吧！只怕六点钟没下雪之前你就跑了，以为我不知道？”母亲狠狠地把奶油抹上面包，交给她孙子。

“哇！如果用爸爸的望远镜头拍照该多棒啊！”儿子大叫。

“老子没出去呀！”

“小孩子也要骗，出去就出去了，骗得了谁，看看雪地上的脚印！当我是瞎子还是老糊涂了！”

“脚印？”我吃了一惊，“什么脚印？”

“哼哼！你自己瞧瞧去！”母亲得意地努努嘴，显然是后门的方向。我赶快跑到卧室。

从我卧室的窗子，正好可以看见楼下的后门外面，以及紧接着森林的院子。霏霏的细雪早已铺成了一片银白的世界，而就在那片薄薄的雪地上，不正清楚地印着一连串脚印，从靠近森林的矮墙，直直地通向后门吗？

“是有脚印！”我赶回餐厅，看妻，“你早上出去了吗？”

“我发疯了啊？”

我看儿子，但是又想他不可能有那么大的脚："你穿老子的鞋，溜到后面看松鼠对不对？再不然，又是穿了拖鞋，告诉你多少次，不准穿拖……"

"少冤枉人，我孙子是我叫他起床的，要不是说去曼哈顿，我才不叫他呢！"母亲狠狠骂了回来，随手又塞一片面包到孙子嘴里，"快吃！吃了好走。"

"慢，慢，慢来！"我有些急了，"我可说真格的，没到后院去过，今天不是愚人节哟！"

"愚人节在四月！"小鬼插嘴进来，被我敲了一下头。

"那是谁呢？"母亲也觉得有点不寻常了，"薇薇！你去看看，是不是脚印。"

妻以日本女人的碎步子领旨飘了出去，又立刻飘了回来："是！大男人的脚印！会不会是查电表的？"

"笑话！查电表的到后门去干什么？"我有点没好气。

"前门敲不开呀！"

“那他进树林干什么？”

“小便！”儿子举手发言，又被我敲了一下头，重重地。

“那脚印是由树林到咱们后门，可不是由后门通向树林，只有进，没有出。”母亲脸色已经有点不寻常。这使我想起来，确实如此，便又跑进卧室，向全院仔细察看了一遍，虽然上面已经盖上了些细雪，但很明显地，确实有一道脚印，而且是皮鞋印，可以见出脚跟和脚掌的痕迹，笔直地走向后门，其中有些地方重复，极可能是两个人，最可怕的是：只有来，没有去。这下我可以断定不是自己家里的人，因为一个人可能撒谎，两个人总不可能。

“你们有没有听到楼下有什么声音？”我赶回餐厅，几个人都站着瞪大眼睛听。

“我是听见后门有点声音。”母亲小声说，“那时候我正在楼下的书房祷告，闭着眼。但是感觉上，窗外确实像是有个黑影走过去，我只当是你呢！所以继续祷告，没理这碴。谁偷东西选天亮的时候呢？”

“怎么祷告得有贼都不管了？上帝又不抓贼。”

“贼？贼在哪儿？”妻吓得缩了过来，却被我一把推开：

“快！快穿大衣，儿子你先出去，找隔壁老汉来。薇薇你也走，到对面找德国人，还有左边的华格斯勒。老娘也出去到曼妮家。”我全身汗毛都竖了起来，如同要作战的野兽。

“我没穿袜子，而且老汉一家回希腊去了！”儿子说。

“小声一点，先出去再说，紧急报警的电话是几号？”

“119！”妻在发抖。

“去你的！那是台北，这儿是纽约，电话号码呢？我不是贴在电话机上了吗？”我压低声音地喊。

“那是在楼下的电话上，我去看！”儿子说，“我喜欢官兵捉强盗！”

“混蛋！快点出去！小声一点，贼在楼下！”（按：我的大门由屋外的石阶直通二楼，所以出大门无须经过一楼。）

“贼在楼下？”妻似乎还不相信，但是奶奶早拉着孙子冲出门去了。

“我去拿刀！你快走！叫人！报警！”我把正犹豫的妻推了出去，并冲进卧室，抓起她那把向师父买来的七星斩妖剑，一把将红缨扯了去，以免碍手。这时候才开始后悔没有买枪，自搬到这个靠近森林的房子，我就一直要买枪，都是妻不许，说搞不好，没打着小偷，却打着了老婆。看吧！现在只怕要为此送命。

我双手持剑，从走道穿出来，进入客厅，再右转走向楼梯口，大声对楼下喊：“谁在楼下，我有枪！”喊了两声，才发觉说的是中文，赶快又翻成英语：“Who is there? I've got a gun！”

楼下居然没有应，倒是客厅里的鹦鹉突然大叫“哈罗”，吓得我转身跳了起来，差点没滚下楼去。

灵机一动，何不也吓这贼一下，将失灵一个多礼拜的警铃打开。我这个屋子是全部设有警铃装置的，只怪前几个星期重修浴室，工人们进进出出，敲敲打打，不知道是震动了窗子，还是伤到了电线，警铃灯居然从此不亮，也就表示有线路不通，只要打开总开关，全屋便警报大作。上个礼拜原想找人来查，又因为楼下浴室也打算重新装潢，怕修好了又坏，所以拖到现在，否则怎么可能让贼溜进来，而一家居然不知道呢？不过，现在倒好，他虽然进了屋，我还是可以吓吓他，说不定一惊就会跑了，想必他会从原路后门出去，跳入后山树林，如果居然向楼上跑，只要头一伸出来，我就可以给他一个泰山压顶，外加樵夫指路，管叫他血染五步。

主意不过一瞬间，我已经打开警铃，一时如同拉警报般，呜呜震耳地响了起来，我却没如原先计划在楼梯边等着，而退出了门外。因为，我想起来，他八成有枪。

才退出门，只见左右两路四辆警车正煞住车，如同《警网神探》影片中，跳出来七八个警察，个个身手矫健，其中几个立刻进入左右邻的后院，并直奔树林而去。曼妮老太婆和我那老母及家小，由警察护送出了曼妮的家；跟着又有两辆灰色的警车开来，那是我们这区雇的私人守望警卫，据说是专替小偷开道的，因为小偷的车总是跟在他们后面开，他们前脚巡过，小偷就后脚进门。看吧！果然他们最后赶到。说时迟，突然一个黑影从门前台阶的左侧斜里蹿上来，将我一把拉了下去，我的斩妖剑，飞到一丈开外，正要反抗，才发现抓我的是个警察，手里拿着枪，示意我伏身爬到警车那里去。“我的剑！”我回头找剑，发觉妻以五千块钱买，又托人藏在古筝里带来的七星斩妖剑，竟已成了三节剑。

妻看到我英勇护家保身而退，一把搂了上来，此时警察已经开始喊话。

仍然没有动静，有警察斜跑回来报告，确实后院有向屋内走的脚印，带头的一个警察过来问我，是不是确实没有家人进过森林。

“没有！我发誓！”我举了举右手，警察早又开始喊话，叫那顽贼弃械投降。

还是没有回应！原先拉我下台阶的警察冲了进去，跟着又上两个；左右后院靠树林，也有四个警察向屋逼近，看样子枪战就要爆发。

“小心我的收藏！我有很多……”我向警官报告，他理都不理我，抱着无线电对讲机，突然转脸问我：“你有没有Attic？”

我一下没听懂，儿子却答话了：“有！”看来他不但不紧张，还十分兴奋。

“在哪里？”警官问。

“卧室外，天花板上有个板子是活的，移开就是。”

他对里面传呼，那贼可能已经上了阁楼，便见躲在警车后面的枪口，都朝向了屋顶，朝向那个我新装的自动散热器，而在回头间，我发现七十多岁的华格斯勒老先生居然也蹲在车后，他的那把老猎枪，则似乎被缴了械地撂在警车里。

时间一秒一秒地在屏息中过去，突然警铃声止住了，一个警察从前门出来挥挥手。

“没事了！贼已经不见了，你回去清点一下东西，看有没有短少什么？”警长最先站起来，这时我才发现自己居然没有穿鞋子。

我急急地冲下楼，因为我相信贼如果偷，一定是拿了楼下的东西，我早就知道柜子里的收藏品很可能会被贼觊觎，因为只要从楼下窗外用手电筒向里照，就可以看见我那黑漆大木柜里的七珍八宝，还有十八世纪的意大利大理石像，他当然抱不动，但是如果一气之下推倒，我可就惨了。

令人惊讶的是，居然什么都是原样，除了一个警察正在扶我的书架，想必先前被撞倒了，架上的颜料、图钉和炭笔撒了满地，柜子里一样也没缺。

“有没有少？”警官问。

“到目前，没有！”

“那就不用采了！”他对一个正往黑漆柜子上拿着小毛刷扫白粉的警探说。这时候对门的麦克、华格斯勒老先生，还有曼妮全进来了，我那儿子正在为他奶奶翻译，接受警探的问话。后院则闹哄哄地，显然邻居们正议论那一排脚印。

“那脚印是进屋来的，却没有出去，你们又没看见贼跑掉，到底是怎么回事呢？”我仍然心有余悸，不放心地问。

“我们已经查了全屋的每一个角落，没有任何被人入侵的痕迹，门锁也没有被撬的样子。”一个警探似乎在向长官报告他的结论，附带答复了我的疑问。

“那么脚印该如何解释呢？”

“我想……我想……”那警探似乎也没个准了，“他大概原来想要作案，没下雪前就躲在了后面屋檐下，但是一直没能下手，结果天亮了，又怕你们会从楼上后窗看到，所以退着步子，眼睛盯着窗子，警戒地退回树林。

“脚印有没有拍照？”警官没有表情地问。

“拍了！但是因为小雪不断下，所以不清楚，而且土都冻硬了，雪又很薄，所以没能看出鞋底的纹路，但脚不小，鞋跟和脚掌很明显，应该是较高跟的雪靴。”

“树林里呢？”警官追问。

“你是知道的，雪这么薄，树枝遮了之后更不匀，加上下面那么厚的枯草、朽叶，不可能看得出。”

“通知越岛公路上的继续守着，这边靠树林一带也留两辆车，说不定还藏在里面，没多少时间，跑不远……”

警官的话还没说完，忽然听到一声尖叫，就见曼妮老太婆冲出我家，两个警察立刻追了过去，我们也都赶到门口。却见曼妮又走了回来：“我刚才没来得及锁门，听说贼还在树林里，所以吓了一大跳。”

大家都笑了，但是笑得不轻松，每个邻居好像都急急地往家奔，人人都自危了。平时每次街坊聚会，都骄傲地说，这是在纽约市难得靠近森林的住宅区，而且又是划定的鸟类保护区，可以四季听鸟啭虫鸣，岂料今天这个森林却成了人人自危、暗藏凶险的所在。

我们全家的曼哈顿之行当然是取消了，邻居们好像也都没有出去，每个人的窗帘都一掀一掀地，想必是向外张望。每一声狗叫，都引起大家的精神紧张。连一向在街上跑着打雪仗的孩子也被锁在了家里。我的警铃立刻被修好，虽然是在放假日，但警铃公司一点不敢怠慢。

警车每五分钟过一辆，隔着萧疏的林子，可以看见山脚越岛公路上也有警车的红灯在闪动，整个奥克兰花园区人家的门灯都彻夜亮着，第二天见面，每家人似乎都说失了眠。

“醒醒！快醒醒！”出事的第三天，天还没大亮，突然被妻摇醒，“我觉得后门又有动静。”

我像是弹射般地飞身而起，并抓起眼镜，躲到窗边，把小百叶窗轻轻挑开一道缝，只见一个不高的人影，似乎手上举个黑色的面罩挡在眼前，并由我的后门倒着步子向林边退。

“这下要被我抓到了！”我匆匆套上几件衣服，也没理会正在摸隐形眼镜的妻的呼喊，三步并作两步地冲下楼去，拉开后门，可不是有个小矮人正穿着我的大雪靴，举着我的双筒望远镜，一面朝天看，一面不断地后退吗！

“你！’我压低了声音，却近乎颤抖地说，“在……干……什……么？”

“我在看哈雷彗星！”儿子笑嘻嘻地回答。

在偌大的房子里，若没有了那两只非洲蓝绶带鸟、一只亚马孙大鹦鹉和小天竺鼠的喧哗，真不知要失去多少生活的情趣。

情侣·小偷·大少爷

“咱们家里，只有四个人，却一共是八口。”母亲经常如此抱怨，“所以一点儿也不如外人想像的清静，甚至可以说是吵闹。”

话虽如此讲，我们全家却都欣赏这份吵闹，因为在偌大的房子里，若没有了那两只非洲蓝绶带鸟、一只亚马孙大鹦鹉和小天竺鼠的喧哗，真不知要失去多少生活的情趣。

每天清晨，屋后森林里的麻雀、乌鸦和“碧玉”还瑟缩在被窝里，我的那一对“蓝衣情侣”便已经开始了山歌对唱。

随着最早起床的母亲，那只亚马孙鹦鹉也就像水车似的绕着笼子打转，并“哇啦哇啦”地喊着，这时楼下的天竺鼠早被吵醒，更不甘寂寞地发出尖锐的叫声，意思是：“我要吃早饭！”

从这婉转悠扬的歌唱、哇啦哇啦的狂喊，到高八度的叫嚷，就交响为我家的起床号，但对我这个不日上三竿绝不下床的晏起者而言，它却是一首“安眠曲”。

情侣

记得两年前，那对蓝鸟刚来的时候，我整整有一个星期没能睡好，气得差点把它们送出去。其实它们也正是被人送出来的，前一个主人据说是位美国演艺界的小姐，养了一大笼各色的小鸟，不知突然得了什么传染病，几天问死了大半，小姐心想换个环境或许还能活几只，于是告诉她的几个朋友，其中之一正是我的相识，便要了最后剩下的四只给我。偏偏在抓的时候，两只飞出笼子，活活撞死在墙上，所以到我手上时，只有两只，其中那只雄的，还在捕捉时断了一条腿。

“怎么搞了个瘸子来呢！”当我发现的时候，曾懊恼了好一阵子，不是怨朋友不会挑，而是心疼那断腿鸟的遭遇，直到发现雄鸟很快地适应，而且飞来飞去，行动丝毫不受影响，才略略释怀，甚至愈来愈觉得满意了起来。因为居然那么巧合，这对劫后余生的蓝鸟，正是一公一母，而且必定早就成为了情侣、或是结为了夫妻。

从它们到达的第二天，那断腿的雄鸟，便单脚站在横杠上与母鸟紧紧地偎着唱歌，每当家人走近笼子，它则发出警戒的叫声，与母鸟一起躲到笼子的角落，并总是站在母鸟的前方；夜晚在那竹编的巢里睡觉，公鸟更必然将半个头探在巢外，随时注意外面的动静。它确是一只残障的鸟，但在遭遇重伤的第三天，就重新建立起信心与勇气，成为了保护者，站在最前哨了。

这对鸟的笼子，也是朋友送的，用雕花的桧木和细润的竹材，组合成一个纯中国式的“建筑”，屋顶是木料，精工雕成一条龙的样子，龙尾弯转于上，正便于悬挂；四角飞檐，则略略翘起，十分匀称典雅；笼底分两层，可以装卸自如，以便更换垫纸。

此外，我又为它们买了一个可以自动装添的食谷器、饮水器、挂在笼外挥发性的防虫剂、一瓶液体维他命和一个瓷制的洗澡缸及洗澡药水。自然，也因此增加了不少工作：我必须每星期为它们添一次谷子，并在添加时拌上维他命；每三天换一次饮水，并把饮水器洗净；每两天换一次垫纸；每天倒上洗澡水。而我最喜欢的，也就是看它们轮流入浴了。每当我添水时，它们总会兴奋地叫，刚添满立刻争先地跳进池子，最先入浴的水多，自然最过瘾，浸头扑翅地溅得满处是水，急得池外的那只大声催促。如此一鸟出浴、一鸟入浴，一只享受、一只催促，必要轮番四五次，将池中的水洗掉大半，才会跳在横杠上振翅晾干。

过了不久，更令我惊异而感兴趣的事发生了，那是一个初春的早晨，我依旧在梦中，却隐隐约约地听到一串银铃般的鸟啭，那不是我熟悉的蓝鸟，叽叽喳喳的对话、尖声的示警，也不像入浴的高歌，或吃菜时的欢唱，而是一种前所未闻的音乐，一种颂赞，以八个连串高低不同的音，加上重叠的咏叹，使我不得不侧耳谛听，睡意全消。

我披衣下楼，悄悄地穿过客厅，偷窥那悬在后窗帘帷架上的鸟笼，一幕奇妙的景象出现了：只见那雄鸟粉色的喙里衔着一片干了的菜叶，挺着宝蓝色的胸脯，轻扑着灰红色的翅膀，在母鸟面前，单脚跳动，引颈高歌，虽然嘴里含着东西，那歌声却嘹亮而中气十足，且欢愉间带着激情。它重复一遍又一遍地唱着，脚下嗒、嗒、嗒，似是打着拍子，而那母鸟则像是从锁窗间俯看的朱丽叶，一会儿侧耳细听，一会儿又凝神遐想……

此后的好一阵子，它们两个好像精神都不正常似的，忽冷忽热，或是紧靠着吟唱，或是先后地追啄，或是狂呼尖叫地吵架，或是互不理睬地在笼中各据一方，而且妙的是，经常在我们吃饭时大打出手，使全家置箸围观。

“不要打！不要打！有话好说嘛！”母亲常挥着手，拍着笼子劝架。

“它们是怨偶，不打不亲爱。”这是妻的结论。

“再打就把它们隔离，在笼中插片玻璃，相见不相聚，只有七夕才相遇。”我说。

“我知道它们是干什么了。”儿子突然抱来他的彩色动物世界，“书上写得很清楚，它们是非洲红颊蓝绶带鸟，当雄鸟求爱的时候，会捡起一根草茎或羽毛，飞到雌鸟栖息的地方，竖起全身的羽毛，向它摇摆点头。”

从此，它们尽管打情骂俏、爱怨交织，我尽管欣赏热闹，作壁上观。只是不解，情歌唱了近两年，吵吵闹闹也时有所闻，却一直未见添丁进口。

所以，我说它们是新时代儿女，实行了计划生育。

小偷

我不知道蓝绶带鸟的芳龄，也不晓得天竺鼠的年岁，因为它们是别人送的，而原来的主人我都不认识。

“老师送了我一只天竺鼠。”

我刚跨进家门，儿子就畏畏怯怯地跑到面前报告，他的奶奶则露出一种特殊的眼神，在厨房的门口张望。

“你说什么？你弄了一只老鼠来？”我吃了一惊。

“是老师送的，只有几个小朋友得到……”他嗫嚅地说，突然又眉头一扬，“是奖品呢！因为我最近表现特别好！”

“哦！是奖品。”似乎是件不坏的事，“好吧！在哪里？”

话才说完，儿子已一溜烟地消失在门外。

“我爸爸答应收养了！”接着便听到邻居孩子一片“哟哈”的欢呼声，儿子已经抱着一个小纸箱挤进门来说：

“它好胖，好可爱，是老师送出来的最大的一只。”他打开盖子，便听见里面一阵“跑马”的声音，原来是个大头、小眼睛、胖身子，既无颈围，又无腰身，更没尾巴的褐白相间的小动物。

“它是女的！”儿子将它举在我的面前，只见一个又圆又大的肚皮，和一股骚臭的味道。

“老师有太多老鼠了，挤在一个小笼子里，所以照顾不好，有些怪味道，我们给它洗澡就不臭了。”

“你老师有几只？”

“六十多只！”说完，就把老鼠抱了进去。

不一会儿，妻回来了，小鬼少不得又从头报告了一番，岂料跟着就被连打带骂地拖到我的面前。

“怎么回事？”我问，“我已经答应他收养了，这是奖品！”

“天晓得，只有你才会被骗，天底下哪个老师会不征得家长同意，而送老鼠给学生做奖品？八成是老师多得养不了，问哪个冤大头要，他就举手了！”

“是不是真的？”我放下报纸。

“……”儿子哭着说，“我把它放到后院森林去好了。”

“那样不对，会饿死的。”我对妻说，“要教孩子有仁爱心，让他转送给别的同学好了。”

第二天，老鼠没有别人收养，儿子倒是抱来了一大包浅绿色的天竺鼠专用饲料，和一个像是奶瓶般的饮水器。

第三天，我帮孩子弄了一个纸箱，拿了一个调色盒给老鼠装饲料，又在纸箱上开了一个小洞，把饮水器的“嘴”塞进去。

第四天，我弄了一些木屑放在箱内，又垫了许多报纸，以维持干燥。

第五天，儿子的兴趣已经没了，完全交给老子管理。

第七天以后，我又把换食换水的工作，让给了我的母亲。从此不久，每当母亲跨下楼梯的第一阶，就会听见老鼠的尖叫声，因为它认出了喂食者的足音。

虽说天竺鼠只对母亲素食，但妙的是，每当我抖动纸张时，它也会鬼叫个不停，原来那抖纸的声音，与母亲到纸袋里取饲料的声音相似，所以能勾起它的联想。这毛病实在非常讨厌，因为我的画室在楼下，天竺鼠也在楼下，而画纸不时抖动，那小东西听觉又奇佳，所以每当我展纸磨墨灵感飞扬时，鼠鸣便不绝于耳，惟一求得耳根清静的方法，就是提供大量食物。问题是，这老鼠食量奇大，给多少，吃多少，正如它的英文名字Guinea Pig，它根本就是一只猪。

此外，比猪更讨厌的是，猪只要吃饱就没事了，绝不会有挖地道越狱之举，这天竺鼠却天生与跳梁小丑同辈，每当夜阑人静，常听得咔吱、咔吱之声自楼下传来，十分像童话故事中“虎姑婆”吃人手指头的声音，又仿佛那宵小之流正在锯我家的后门，初时真是令人不寒而栗，使我难以安枕，所幸久而习之，也只当是窗外风吹树杈的音响，倒还有几分情致起来。

如此习以为常几个月，突然连续数日未闻老鼠鬼叫，也不见其磨牙，家人都觉得这老鼠必定是自修有成，已经能得“定静”的功夫。正在交相夸赞时，母亲突然惊呼，原来那老鼠将纸盒咬了一个大洞，早已自由进出多时，只是因为洞在盒角，又有木屑相掩，所以难于察觉。直到母亲发现盒边的饲料异常减少，才惊见那老鼠居然把饲料袋咬破，并且来了个“大搬家”，把半袋的食物，偷偷移到了纸盒靠墙的一边，从高墙铁槛的监狱食物配给，到自由出入的外役监自助餐，那老鼠自然怡然自得了。

“既毁损公物于先，又越狱潜逃于后，更有偷窃之举，再行囤积之实，且居然蒙蔽主人，伪装矫情，故作天真无邪状……”宣读了天竺鼠的多条罪状，我决定将它递解出境，而且亲自执法。

其实这递解出境是我早就想好的，因为某日我经过邻近的宠物店，发现店橱窗内居然也有好几只大老鼠，于是灵机一动：何不将那些天竺鼠“送做堆”，免费让给宠物店呢！所以无须考虑，我就抱着天竺鼠的破盒子，跑去了宠物店：

“这只胖老鼠，我不想要了，送给你们吧！”我说，“顺便连这半包食物和价值三块多钱的饮水器，也一并奉赠。”

“对不起，我们不要，这一定是你小孩的吧？你小孩必定在Holly Family小学念书，他的老师必然是Mr. Grose吧？像你这种家长，已经来过十几位了！你算是最有耐性的，来得最晚。”

于是老鼠继续住了下来，而且住进更高级的旅馆，由小纸箱搬入了大木箱，只是半夜三更的“越狱声”似乎更响亮了。

大少爷

“有些动物，像鹦鹉，天生就有模仿的本能，不必刻意教，它们自己就会想去学。”某日儿子对我讲述学校新教到的东西。这几句话，突然使我灵光一闪，宠物店里那几只活泼的鹦鹉，便在眼前呈现。那是当我等着送天竺鼠，四处浏览时看到的。然后我便想起那电影中鹦鹉表演和电视中学语、唱歌的镜头。

“鹦鹉是很有意思！”我故作平淡地说。

“我们养一只鹦鹉吧！宠物店里就有亚马孙鹦鹉！”这小鬼居然颇合我心，而且早已观察入微。

“很贵呢！”

“好像正在大减价。”

“是吗？”

“当然。”

于是我们一老一小立刻就出现在宠物店里，果然是大减价，原价美金四百元，减为半价二百元。看来十分令人心动。

“还是太贵了。”我有些迟疑。

“买给我做圣诞礼物吧！”儿子求着。

这也蛮好，我心想，既是我自己感兴趣的东西，又可以做圣诞礼物，一举两得，不是很好吗?

“好！买一只鹦鹉给你，但是没有圣诞礼物也没有圣诞树，省下的钱大约够了。”

岂知，我居然漏算了笼子和各种装备的开销，只知道当我把鹦鹉的纸箱、三尺高的铁笼、杀虫剂、维他命、磨牙的石头、洗澡喷雾剂、剪爪子刀和混合着葵花子、玉米、小米、花生的饲料搬上车时，已经是囊空如洗。

“新年礼物也省了吧！”我说。

鹦鹉搬回家，第一件事就是决定放在楼下还是楼上。

“该放在楼下。”我说，“因为我晚上画画，没有人陪，它可以解闷。”

“该放在楼上。”儿子说，“因为楼下有老鼠不停地叫，鹦鹉到后来，一定只学会老鼠叫。”

最后，依照饲养手册的指示，将笼子放在了楼上客厅，原因是楼上比楼下暖，而亚马孙鹦鹉要平均七十五华氏度的气温。至于摆在客厅，则是因为书上讲，要放在一家人经常聚会的场所，使鹦鹉能有不断听人讲话的机会。当然在客厅里放的位置，也全照书上所说：不要放在靠暖气处，以免空气太干，使鸟掉毛；也不能放在靠镜子处，以免它注意自己的形象，而不专心学讲话。

但是对于书上所说的“只能有一个人专门负责教说话”这一条，我们是未能遵守的。于是当我母亲走近笼子时，教的必定是“奶奶！奶奶！叫奶奶，给葡萄吃”。

当我和儿子在家时，教的一定是：“哈罗！哈罗！”

妻则很少理那鸟，因为嫌它把地毯弄脏了，搞得四周都是葵花子的壳，所以总是骂鹦鹉一句：“笨蛋！”

转眼两个月过去，鹦鹉既未叫“奶奶”，也没说“哈罗”，更不会讲“笨蛋”，倒是学会了不断地绕着笼子打转、荡秋千、盯着人手咕咕叫，表示要吃水果以及看电视和抓痒。

说到打转，它可以连续由笼顶到侧面，到笼子下方的木棍，再回笼顶，不停地打十几个转，而且嘴脚并用，速度奇快无比。

至于秋千，则悬挂在笼子的正上方，初来时，它只有八个月大，对于能活五十岁的鹦鹉来说，还是个婴儿，所以根本不敢上秋千，岂知才半个月下来，它不但爱上了秋千，而且晚上睡觉一定要单脚站在秋千上。有水果时，更必定要在秋千上吃，就算在笼子下面，给它一块水果，也会千方百计地搬到秋千上享用，那秋千似乎成了它的餐厅和卧房，也是最愉悦的地方。

谈到吃东西，鹦鹉与一般鸟是大不相同的，它每只爪上的四趾，不像一般鸟的三前一后，而是两前两后，爪上的鳞皮也比一般鸟来得细，动作灵活，根本就像是手。它可以用手抓着东西往嘴里送，从婴儿拳头般大的石头，到小小的葵花子，都能握得非常稳，而且能配合着那尖锐如钉的喙，将掌中物调前转后。

此外，它爱吃甜食，酸的水果尝一下，就扔掉；遇到甜食则追着不放，如果人手上有甜味，还会伸出黑黑的舌头舔，可惜饲养手册上警告不能给它吃蛋糕，以免长得太胖，会得心脏病，否则它真是可以与主人共用下午茶。

除了甜的水果，那鹦鹉最大的嗜好，应该是看电视了。起初我们全家并不知道它有此雅好，只是发觉当人们站在它笼子前面时，它便会不断地咕咕叫和打转，心想，这鸟真是十分爱主人，擅长表演争宠，后来才发觉，它只是为了被挡住看电视的视线，而不得不调整位置，以便观赏，如果大家再不让开，它就会大声地抗议了。那声音十分复杂，有时低沉如同鸽子，有时高亢如鸿鹄，更有时活像老母鸡生蛋之后的“报告”。不过正因为家人有所企盼，指望它“大少爷”哪一刻触动灵机，发出半句人语，所以总是竖着耳朵听，把它发出的怪声怪调，往自己盼望的方向想，倒也十分有意思。

最后谈到它的绝妙嗜好——让人抓痒。

想当初，这鹦鹉刚来时，真是不准人们靠近半步，稍稍接近，就发出呜呜的怒吼，立起全身的羽毛，做出攻击状。渐渐地，由于喂水果、递谷子等等取悦的行为，总算对家人有了好感，但是仍然不准人把手放在笼子的上方，那样做，它似乎会感到不安，偏着头做出警戒的样子。

“书上说，要驯服它，先得使它不怕人的手。”我想出一个办法——逐渐接近。先将手靠着笼边放，再逐渐地移向它的头顶，几天下来，果然有了进步。

于是我更大胆地偷偷把手指探进笼子，摸它一两下头，它先是反应激烈，使我差点挂彩，渐渐居然也温驯下来，我便像抚摸小猫似的抚弄着它头上深绿带黄的羽毛，未料它居然把整头的羽毛都立了起来，我先以为它是生气，后来看它气静神闲，才发觉敢情是搔到痒处，要我把手伸进羽毛抓痒呢!

从此，只要我和儿子一靠近笼子，轻轻说“抓抓痒痒、痒痒抓抓”，它就会立刻竖直毛发，等待“马杀鸡”，而且只要碰到痒处，它必然会顶着手指用力，恐抓得不够重；至于抓错了地方，则会作势欲啄，十分不悦状，跟着便像猫抓痒一般，伸出爪子自己解决。似乎是说：“你抓不对，还不如我自己来！”这种抓痒的表现，是饲养手册里没有记载的，却成了我养鸟的最大乐趣。

二月底，是我的生日，儿子除了送蛋糕之外，还画了一张生日卡，上面画的不是花，也非风景，竟然是只红眼睛、黄腮、绿头、绿身、黄红尾巴的亚马孙鹦鹉，上面还画出一根线，并写着“Hello”，表示鹦鹉讲哈罗。

“我过生日，你为什么画了只鹦鹉给我呢？”

“因为我知道如果有一天鹦鹉说哈罗，你一定会高兴得跳起来！”

“知父莫若子”，谁说不是呢？

哈罗“入伍受训”了……只要半天，
晚上七点钟打电话给他，大概就已经训好，可以带回来了。

哈罗“入伍”记

“哈罗”是个名字，它来自南美的亚马孙丛林区，长得尖嘴利眼，短小精悍，一看就知道不是个“凡人”。它最爱吃的东西是蛋糕泡水，最爱吃的水果是葡萄，最爱喝的饮料是咖啡，最礼貌的动作是握手，最坏的行为是随处便溺和大声喊叫。当然这也不能怪它，因为它今年才两岁半（算命先生说，它可以享五十年的阳寿呢）。也正因此，它只会说一句话：

“哈罗！”

哈罗，是我家的鹦鹉。

其实哈罗真正学会说哈罗还是不久以前的事，那时我正在台湾，突然接到儿子的信：

报告您一个大好的消息，咱们家的小鬼哈罗，居然会说哈罗了，而且说得很清楚呢！

不到一个礼拜，又接到老婆的信：

我告诉你一件头痛的事，自从你的哈罗说哈罗之后，每天下午四五点钟就大叫个不停，拼命似的拉长喉咙喊，害得过路的人，都停下脚步往屋里张望，以为我们在叫他。

又过了不久，母亲在电话里也抱怨了：

“自从那鸟学会讲话之后，是愈来愈皮了，大喊大叫不算，而且常常飞到地毯上，大摇大摆地走来走去。有一次我们到超级市场买点东西，心想只去一会儿就回来，所以没把它赶进笼子。天知道！回来之后，才进门，就见一条黑影奔向笼子，再检查，居然满地毯，从客厅到厨房，从桌子底下到沙发后面全拉了屎；平常不见它那么会拉，也不知道才二十分钟，它是哪儿来的那么多粪便。”说到后来，母亲似乎发了奇想，“找找看，问问台湾的专家，有没有什么东西，像是尿片子啦，可以给你的鸟挂着，免去许多麻烦。”

而当我回到纽约，才进门，从来不太讲话的三姨，也跑来参了哈罗一本：

“这个鸟现在可不同了，吃什么东西，都先要把食物叼到水盒那里，丢下去泡一阵，再捞起来；吃完之后，以前只是把喙在木杠上磨磨便罢，现在居然也学会了干净，非去洗洗嘴不可，弄得水盒一天要换好几次水，每次换水还要咬人，咬不到人，就咬人的衣服扣子，我的扣子已经被它弄坏好几个了。”

最糟糕的是，当我的学生若丝·芭克听说她协助翻译的《刘墉山水写生画法》出版，而赶来一睹为快时，我才为她端上一杯热咖啡，那哈罗居然由老远客厅一角的笼子上，直朝若丝小姐飞去，吓得若丝拔腿便跑，咖啡也洒了一地。

“这都是因为你喂它喝咖啡，养成了习惯，见到咖啡就没命，喝多了兴奋则鬼叫；晚上睡不着觉，更要大声吼。”老婆说。

“不不不！这是因为翅膀长得太长了！”还是儿子有学问，抱来育鸟手册，“你看！每半年就应该修剪一次翅膀，免得它乱飞。”

“对！可是该怎么剪呢？”

“书上说，一个人把鸟抓出来，先抓爪子，再抓头和颈，然后另一人把翅膀拉开，用特别剪翅膀的剪刀，从外面数来第三根羽毛开始剪……

“书上说，只要剪一只翅膀就成了，因为这样它就无法飞得直，也自然不敢乱飞……

“书上说，要从羽毛根部大约一寸的地方下刀，千万不能剪到正在生长的羽毛，因为那种羽毛是有血液流动的，直到羽毛不再继续长，血管才会被封闭……

“书上说，只有有经验、不紧张、情绪稳定的人，才能动手……

“书上说……”

“这么多禁忌，我不剪了！”我一挥手，“还是找专家来办理吧，改天我去问问附近那家宠物店，说不定他们会。”

“剪翅膀？小意思，你把鸟带来，两分钟都不用，只要两块五毛钱。”宠物店里的小姐，身材不高，口气十分豪放，拍拍胸脯，大有老娘此中高手的意味。

这时环顾左右，才发现这家宠物店还真有些名堂，大鸟、小鸟、大天竺鼠、小白老鼠，各种热带鱼、波斯猫、暹罗猫、俄国蓝猫、狼狗、狐狸狗、吉娃娃、沙皮、北京狗，乃至蜥蜴、毒蛇，一应俱全。而且妙的是，十几只大鹦鹉全站在一个木槽子的边缘，只见客人走来走去，那些鸟居然全如老僧入定一般，既不见咬人，也未闻大喊，偶尔喃喃几句，也甚儒雅可听，如果换了我家的哈罗，早不知有多少人的衣扣要被扯掉了，顿时便使我有几分佩服：“此店不可小觑！”

突然脚下一阵骚动，低头看，原来一只暹罗猫，居然十分不认生地在我脚边厮磨起来。

“你的猫可以自由走动啊？”我好奇地问，“你不怕它去捞鱼、扑鸟、掏蛇吗？”

“笑话！它们都是好朋友，只要进我的店，猫绝不扰鸟，狗绝不咬猫，就算把小老鼠放出来，也会平安无事。”

想必确是个专家，这下我是真服气了：“好吧！我现在就回去把鸟带来剪翅膀。”

“要不要把食盒和水盒装满？”听说哈罗要旅行到宠物店去，母亲开心地问。

“不用，只要两分钟就剪好回来了。”我说，“连食物和水盒都不必带，因为在车上笼子得躺着放，食物一定会打翻的！”

于是大家七手八脚地为哈罗的笼子罩上黑布，便将它运上车。老婆开车，我押车，儿子好奇，也自然同行。

车子停在宠物店后面的停车场，我和儿子把鸟笼由后门抬了进去，并赶快把那总是敞着的后门关上，因为我知道，他们虽然可以自信店里的宠物不逃跑，我可不敢保证哈罗不会越狱。

看我把鸟笼上的黑布掀开，店里的小姐便尖声向里面喊，敢情并不是小姐动手，而是另有专家操刀。

那专家，看来果真悍，连腮胡子、铜铃眼，穿着一件花斑、像是军队迷彩衣的短袖汗衫。八月的酷暑却足登皮靴，半长不短，早破了边的牛仔裤，系着一个拳头大的皮带扣子，活像摩托车党、龙头老大的样子。这时那娇小的女子，早送过来一只手套，大汉便拉开笼门，一把伸了进去。我家宝鸟，果真也不含糊，迎面便是一嘴，不过专家还是专家，他让哈罗咬着厚厚的手套，就势将手推向笼边，扣住哈罗的脖子，只见哈罗一阵杀猪似的鬼叫，大汉突然把手抽了回来，对他的女友（抑或太太？店员？）大声地吼着："手套不对，换一双。"说着便脱下手套检视，想必是被咬痛了。

换了一双更厚的手套，又是一番折腾，哈罗总算被乖乖地放倒，小姐忙着拉开翅膀剪，而且居然两只翅膀全都料理了，不知是加倍服务，抑或书上说的不对。

关上笼子，我算算时间，前后足足有五分钟，比他们的预估多了两倍。

"你这只鸟吃什么东西？真是壮鸟，只是缺乏教养，你根本没有训练过嘛！"

"当然训练了！"儿子和我不约而同地说，"它会叫哈罗。"

"这有什么稀奇，我店里的小鹦鹉都会说话，而且会讲好长的句子。"他指指店前面橱窗里的小鹦鹉，"其中一只会说'鸟会讲话（Bird can talk）'，我不过训练几天而已。"

“可是这鸟对人很友善，它每天都叫我们为它抓痒痒。”

“这就更不稀奇了，我问你，你的鸟会在你手臂上走来走去吗？它会站在你的肩膀上吗？它会跟你亲嘴吗？”

“你看！”说着他便走向一只站在槽边的大蓝鹦鹉，让鹦鹉站在他那长：着黑毛的胳臂上，又放了一颗葵花子在自己嘴里，叫那鸟自去叼出来；再把手指放在鸟的嘴里，让鸟衔着；还将一只巨灵之掌，往那鸟头上一阵猛搓，仿佛为鸟洗头一般，居然那鸟都不生气，看得我一家三口全傻了眼。

“把你的鸟留下来训练，只要半天工夫！现在是两点，说不定你晚上七点就可以领回去了，五十块钱，包你的鸟会乖乖地听话，在你身上走来走去，而且绝不咬人，包不吵闹。”

“真的吗？”

“当然！我连猫都能教会让它们自己去人的厕所

小便，除了不会冲水、洗手，动作都跟人一样！”他把眉头扬了一扬，看着我。

“五十块？”

“五十块！”

“半天就成？”

“八成半天的时间就够了！”

“你怎么训练呢？我的鸟很顽固呢！”

“这是机密，但是多么顽劣的鸟，都能训练好！”

“保证？”

“无效退费！”

“怎么样？”我转向老婆和儿子，“会在胳臂上走来走去，不再鬼叫，不再咬人，好像不差。”

“那就留下来吧！它的毛病再不改，实在太不像话了。”

“可是改了就不像我们家的哈罗了啊！”儿子居然反对。

“但是，你难道不希望哈罗在你手上走来走去吗？”

儿子歪着头，想了想，终于动摇了，于是三票全过，把哈罗留下来。

“哈罗呢？”母亲看我们空手回家，惊讶地问。

“哈罗‘入伍受训’了。”我把宠物店保证做到的事，一一向母亲报告，同时附加一句，“只要半天，晚上七点钟打电话给他，大概就已经训好，可以带回来了。”

“训训也好，这鸟确实有些乖张，不过五十块可也真不便宜。”母亲说。这时三姨从里面好奇地走出来，母亲便大声告诉耳朵不怎么灵光的她。

“哦！”在“文化大革命”期间一下子白了发的三姨点着头说，“好！好！好！送去改造一下是不错的。”

这个下午似乎过得特别慢，儿子自己有表，偏偏还是每半小时就来问一下时间；平日不太下楼的母亲，也到书房张望了好几次，每次都讲一句“让哈罗受受训也好”，便上楼了。问题是大家走来走去，害得我画都画得不安稳，只好改练毛笔字。

总算熬到了晚上七点，我遵训练师之嘱打了电话去。接电话的是那个小女子。

“彼得出去了，他说你的鸟还要多训练一下，明天礼拜天，后天再打电话来。”

“他怎么出去了呢？”儿子气急败坏地问，“他怎么能出去呢？”

“我怎么知道，人家并没保证半天就训练好啊！你有一点耐性好不好！”

“在外面住一晚，说说梦话给整屋子的鸟听，倒也不错，说不定换了地方，就会说梦话了。”母亲笑着说。

“爸爸！你为什么没问她，今天傍晚哈罗有没有大声叫哈罗呢？说不定会把他们吓死。”

“我们乘机把鸟笼子的地方清理一下吧！真是太脏了。”三姨把放鸟笼的玻璃桌子和下面的地毯弄干净，我又拿了卫生纸沾水，把旁边墙壁上哈罗吃东西甩上去的渣子擦去。一个晚上似乎没做什么，也没看电视，便过去了。

十二点，我突然想起一件大事，哈罗的笼子里没有放水，也没有食物。“怎么办？已深夜了，不晓得他们有没有注意到，我是不是该打个电话去叮嘱一下。”我问妻。

“已经十二点，太晚了，饿不死你的鸟的，明天早上再打吧！”

“可是明天是礼拜天，他们会不会有人在呢？”

“宠物店总会有人在。”

“真的吗？”

“这是以前你自己说的。”

于是早上才七点多，我便打了电话去。

“我们昨天就已经喂它了，你放心！”听声音，彼得似乎还在梦乡，想必是在店里。

“既然彼得住在店里，我们何不去看看呢？”儿子中午在餐桌上说。

“宠物店远吗？”母亲问。

“可是，礼拜天宠物店一向是不开门的。”

“顺便出去遛遛，好久没往那边去了。”母亲说，“不开门你儿子也死心了！”

既然老母如此说，我只好听命，说实在的，自己也真想去瞧瞧。

于是正好是送哈罗去受训的二十四小时之后，星期天下午两点，我们一家五口全到了宠物店，门上果然挂了一个Close。儿子跑去敲门，没有人开，我又按了电铃。门拉开了一条缝，是那女的，没有化妆，有点像是其中的一个宠物：“是你呀！今天不开门。”

“可是我的鸟……”

“很好啦！告诉你明天打电话嘛！OK？”

没等我搭话，门就重重地关上了。

“我没有看到哈罗呀！我是往昨天哈罗笼子的地方看过去的，可是没有哈罗的影子！”儿子焦急地说。

“八成怕我们看她没化妆的丑相，所以不开

门。”妻说。

“怪不得他的鸟下午不会大声叫，一来是因为被关笨了，二来是由于店里那么黑，看都看不清楚，还叫什么。”母亲也发表了感想。

“这才像是集中营啊！所谓不见天日，没有光明。”三姨说。

星期一中午，照例儿子上学，老婆上班，三姨整理花园，我因为白天没课，便和母亲在客厅看报。

“宠物店的人怎么说？”老人家问。

“说是咱们的鸟太没教养了，放纵既久，自然需要多些时日，才能使顽石点头。”

“他怎么让鸟点头，没本事，训练一个月，也点不了头，原来不是讲半天就成吗？”母亲放下报，又摘下眼镜，“刘墉啊！他们是不是用打的方法训练哪？”

“我问过了，说是机密。”

“机密？他当然说是机密，他们一定会把鸟打死的。”儿子居然比平常早到家十分钟，说是跑回来的。

“只要不打头。”他的奶奶说。

“身子也不能打，我们把它带回来，不要训练了！”说着小鬼就往门口走。

“人家说不要去看，太早看它，会让它把刚学会的东西忘掉。”

“他们一定是把它虐待得快死了，不敢让我们看。”儿子瞪大了眼睛，跑到我面前，“爸爸，他们会不会用飞越杜鹃窝的方法——脑叶切除啊，我可不要一只笨鸟。”

“如果变笨，就把它像电影里一样地弄死算了。”我也有点气了，不知是对什么人，反正有些气急、火大。

晚上学生来，我把这事告诉了学生。

“听说他们用敲鼻子的方法，鸟最怕打鼻子。”

“听说他们用一种通电的棒子，鸟不乖就电它一下。”

“听说他们用一种有催眠作用的药，硬性洗脑。”

“听说他们用针刺，因为鸟的毛厚，重量又轻，打是不会痛的，只有用针扎才管用。”

大家七嘴八舌的，使我一夜都睡不安稳，而且岂止我，据说一家都没睡好，儿子还做了噩梦，又踢又打的。

“每天哈罗大声叫，真觉得吵，现在不在家，又觉得好冷清似的。”看一份报，母亲半途放下来好几次，对我这么说。

“每次走过房门，看见那个空的桌子，少了_个笼子，好像空空荡荡，到了别人家的样子。”三姨笑，却又蹙着眉，“好不习惯！为什么久不闻哈罗鬼叫，连邻居都问。”

“不会给我们换一只吧？”连一向不太开口的妻，也有些担心的样子。

“只怕已经被他们那只暹罗猫吃掉了，所以不敢叫我们去看，他们不知道该如何交代。”儿子大喊。

“弄死了赔钱！”

“我不要！”小鬼居然哭了。

“我现在就打电话，拿回来算了！”

“对！”居然是异口同声。

“差不多了，你过来看看也好！”彼得在电话的另一头似乎有些迟疑地说，愈发勾起我的疑云。

“看看也好？”这是什么意思，我很不高兴地挂上电话，“好就是好，不好就是不好。”

“管他好不好，带回来就好，我们哈罗用不着他们训了。”母亲也有些不高兴地说，“人又花钱，鸟又受罪，我还怄气。”

五分钟后，又是我们三口走进宠物店的后门。我一眼就看见在那柜台旁边一个金属架子上，站着的正是我家的哈罗。

“哈罗！”儿子过去对着鸟喊，那鸟居然没有反应，倒是浑身抖个不停。

“它不认识我了。”儿子转过头，急着报告，“看！它在发抖。”

我趋前细看，可不是吗，那鸟的眼睛里充满恐惧与失神的感觉，活像是突然遭遇大难而失措慌乱者的眼神，又仿佛精神病院中直挺挺踱步子的患者；至于那双翅膀，更不像以往紧绷绷、光光亮亮地贴在身上，而是蓬松地吊在两侧，如果不是走近看，真会觉得那是只才从冰水里捞上来，冻得颤抖不已的鸟。

“它的翅膀怎么合不拢呢？”我问，“没有受伤吧？”

“当然没有，我不是跟你说了吗？它是因为练习走路，太累了。”说着他以两只手伸过去，同时抓住了哈罗的双脚，再放在一只手上站着，那鸟果然便张着剪了毛的翅膀来回走动了起来，只是身子颤抖得更厉害了。彼得又把手臂移到了胸前，让鸟贴着站，再以一手轻轻地抚弄哈罗的身体。要是平常在家里，摸到哈罗的尾巴，它早就会大声抗议，再回嘴咬人，此刻却不知怎的，居然服服帖帖地让他抚弄了。说着，彼得居然把哈罗移到嘴边，对着嘴亲了一下，再把鸟放在我的胳臂上。哈罗的爪子紧紧地抓着我，又有些颤，我赶紧把它移回架子。这时才注意到彼得的两手和臂上全是伤，而且有些显然是见血的新伤。

“每次把手放在它嘴里之前，”彼得把手指含在IZl里，“最好先用IZl水濡湿，这样它就会知道那是你的手，而不是东西，也自然不会用力咬。但是注意！你要以手背快速地接近它的头，而不是用掌心对着它，也尽量避免用手掌在它前面挑逗，否则它就会咬。”彼得把手在哈罗眼前晃动了几下，果然哈罗便有了攻击的动作。

“好！现在你自己把它由杠上拿起来，放在臂上走走看，要两手各由左右脚同时拿，使它无法躲避。”

我如法做，果然哈罗大叫了两声，没有咬我，便好好地站在我的手上，只是我发觉，它那种乖的表现，似乎是种畏惧，而非服帖。

“多少钱？”我想还是快点把它带回去。

“这鸟不太容易对付，所以多训练了三天，而且不知为什么发疯，扑倒我一杯咖啡，你给我七十五块吧！问题是，你满意吗？”

“OK！”我把鸟塞回了笼子，里面倒真是放了些水和葵花子。

“那个小碗你可以带回去。”彼得高兴地收了钱，“注意！第一点，你要不断继续这种练习，否则它会忘；第二点，如果它不乖，你只要拿只手套，在它眼前晃晃就成了！”说着，他拿个褐色的手套在笼外摇了摇，果然哈罗吓得倒抽气地怪叫着，想必吃了那手套不少亏。

我们三人有一种又逃又抢地把哈罗救出来的感觉，一种劫后余生、快快离开是非地的心情。

回到家，客厅中真是灯火通明，平常非常省电的母亲，居然把所有的灯全开亮了。

“来来来！叫奶奶瞧瞧，你受苦了啊！”母亲居然自称为那哈罗的奶奶，这也是头上遭。

“好像是被洗脑了！”三姨也趋前看着，“这个

‘小青年’锐气都没了，看它那双眼无神的样子。”

“不晓得让人怎么整的呢！我们也没检查，有没有什么地方骨折受伤。”妻说。

“八成今天知道我们要去，整天集中教育、疲劳轰炸，硬是训成这个样子。”我说。

儿子则闷不吭气地端来了食和水。

问题是，一个晚上哈罗一点东西都没吃，只是呆呆地站在杠子上，带着它那失神凝滞的眼神。最后母亲下令：“大家不要看了！罩上黑布，让它睡觉，明儿一早就好了。”

第二天一大早，每个人起来，没刷牙，第一句话居然都是：“哈罗好了吗？”

答案是：“没有！”虽然开始吃东西，但是再也没有像以前一样地在笼子四周快速地攀爬、倒吊着摇摆、泡它的食物，更没有叫一声；连打开笼子，它以前最兴奋、总是忙不迭地向外冲的时刻，它居然都没有反应。

“哈罗是不是让他们打笨了哟！”母亲已经有点担心，其实家里哪个人心里不如此想呢？只是不愿说出来罢了。

白天，三姨特别拿哈罗最爱吃的花生和葡萄逗它，叫它来抢，并不断地对它说哈罗。

晚上，我们特别放弃电影长片，将电视转到哈罗最兴奋的动物世界，而且试着挡住它的视线，看看它会不会如往常般鬼叫抗议。

夜里，我们故意不为它在九点整罩上黑布，看看它会不会像以前一样大叫地催促。

我们用了各种方法刺激，希望它恢复过去的记忆，但是都失败了。

三天日子，如同蜗步一般漫长，充满低气压地过去了。哈罗所在的角落成了最受注目，却又最不敢注目的地方。

第四天，星期六，蔚蓝的天空，本来是该出去打球的，大家却全守在家里，意兴阑珊。突然——

“哈罗！”下午四点钟，石破天惊地一声，全家都站了起来，仿佛久旱听雷鸣，几乎不敢相信自己的耳朵。

“哈罗！哈罗！”哈罗拉开了喉咙喊。

“哈罗说哈罗了！”全家欢呼。

从此哈罗又恢复了老样子，啄人衣服，咬人纽扣，扑镜子，抢咖啡，拿着食物泡水，且随地便溺、狂呼猛喊，一切旧有的坏习惯，完全没改；至于在人手上走来走去，早忘得一干二净。

问题是：再也没有人抱怨，甚至大家还交相赞美：

“这才像是我们家的哈罗。”

在美国挑房子，不但要懂得看地区、看结构，
还要知道看垃圾、看车子、看草坪和人行道……

美利坚之屋

由于新添了女儿，岳父母前来照顾，家中又常有远客，使我为了换个较大的房子，最近不得不四处觅屋。

在美国买房子可比在台湾要考虑得复杂多了，就地区而言，既有高级区、普通住宅区、商业区的差异，白人、黑人、西裔、亚裔的聚落不同，甚至还要考虑有没有种族排斥的问题和学区的好坏。尤其重要的，是得看出整个地区的发展趋势、居民移入的情

况，否则随着地区的恶化，几年之间，房屋的价值可以下跌一倍以上。

就房屋本身而言，学问也真不少，美国独门独院的房子，里面多半是用木料和石膏板搭建，外面有石、有砖、有铝、有杉木，还可能用那远看是砖近看才知道像是电影布景用的“假贴皮”。

加上老美多半懂得室内布置，厚厚的地毯一铺，各式的灯光墙饰一挂，浴室走道再换成大理石、花岗石，附带按摩浴缸、天光屋顶，使人步入其间，目不暇接之下，也就容易忽略真正重要的“房屋工程架构”，直到搬进去之后，才发现地层既有了下陷，屋顶有了歪斜，基础遭了白蚁，某些水管又可能渗漏多年。

所以在台湾买房子讲究风水，那风水多半是抽象的；在美国注意风水，则是写实的。稍不注意，真可能会漏风、进水。选房子的人，必须既有史学家的本事，看一个地区的演变、兴发；社会学家的本事，观察该地区的风气；更要有工程师的眼光，不被表面的装饰所欺骗。

所以有房地产的专家说，不要因为房子的颜色惹你讨厌，或厨房太脏而挥袖不顾，那是几千块钱就解决的问题。重要的是房子，如同看妇人，不要被衣服骗了。

他们又说，其实啊，房子也不重要，真正贵的是地！想想那广告上刊登的佛罗里达海滨别墅，多漂亮！全新的，不过多少钱一幢？还带室内游泳池呢！所以如果在最好的地区，买下一栋破旧老屋，拆掉重建，还是划算！

最令人火大的，是他们私下偷偷地说："那些刚刚来美国的台湾客最好骗！由于新来，对地区不了解。带着大把现钞，成交爽快，不会夜长梦多。加上在亚洲一定住得不够讲究，所以只要羊毛厚地毯一踩，花花的壁纸和水晶吊灯一看，就腾云驾雾，眼花缭乱，不知东南西北了！"

可不是吗！我起初也差一点买下坏区边上的房

子，幸亏遇到贵人指点，才没有蚀本。经过这十三年，换三栋房子，阅屋数百幢的经验，才渐渐有些领悟。

这确实是领悟，因为看屋如看人，那品质、面貌是相通的，所谓世事洞明皆学问，人情练达是文章，买房子虽非写文章，却要对世事、人情有许多观察，也自然能领悟许多人性。

买房子先要认清掮客。掮客在某个角度来讲，对购屋或售屋的人都有好处，也都有坏处，因为他可以使买主见到更多的房子，也可以为卖主制造更多的机会。他会要求买方尽量出高价，又要求卖方不断地减价，当然他更会尽量展示好的一面给买主，并私下向屋主说尽房子的缺点。

也就因此，当掮客开车带你去看房子时，千万不要以为一路上所见到的高级住宅，就会属于你看的那一区，因为他们往往会非常技巧地，专带穿绕路走漂亮的街道，等你买下来以后，才发现那房子在好区与坏区的交接处，只为他带你穿过好区，避过坏区，所以会被蒙在鼓里。

当然最好是亲自再跑几趟，譬如当你上班时间前往，看到的幽深巷弄。在假日见到的很可能是一片吵闹，碰到你不愿见到的人，或街角群聚的不良分子。

在美国，懂得看地区的人，常在看“人”之外，并观察三样东西——停的车子、放出来的垃圾、庭院和人行道。

车子，当然是看车种、价位。一个四处停高级车的地区，自然不可能贫穷。至于不是旧车、烂车，就是东凹西陷的“祸车”和“解体车”时，可就得大大地小心了，只怕偷车贼就住在你隔壁。有些人甚至会到附近超级市场的停车坪察看，因为那里可以显示出大地区的情况。

看垃圾、庭院的人，境界就又高了一等了！因为其中显示的除了富裕更包括了公德，也可以说能见出人性。

于是你可能看到一大袋一大袋整齐放置的垃圾，

而知道那屋主是用专装垃圾的强力塑料袋的人家，他可能有较整齐的个性。

你也可能见到一小袋一小袋印着中文字的购物袋，分别以那袋子的提手打结，堆在路边，而可以猜想，必有个具有勤俭美德的中国人邻居。

你可能看到许多人家的垃圾里，夹着婴儿尿布的盒子，而猜想那里的屋主属于年轻一代，年轻邻居的好处是充满生气，缺点则是可能比较吵。相反地，老年屋主虽然安静，却也暗示比较大的“未来变数”——你很可能发现，有一天老人去了，他远在外地的孩子，草草卖掉房子，换来了你最不欢迎的邻居，一时整个地区的人，纷纷卖房子，房价瞬间惨跌。

如果你够细心，更可能由最小处看出人性。记得一位精通置产的朋友，曾经指着路边人家，对我说：

“你看！他拿出来的屋内拆下来的木条，上面的铁钉都被特意地敲弯。而那纸盒上，则写明‘小心碎玻璃’的大字，这是因为他顾虑到收垃圾人的安全！

“那人家的公共人行道，有一块被大树根顶得高低不平，在差的地区，可能没人在意，在这里却见屋主小心地用水泥补在不平的地方，怕孩子和老人摔倒，也方便推娃娃车的人，免得有颠动的情况！

“你看！家家的草都长得不好，也没勤加修剪，表示地区差！因为剪草是有感染性的，人人都剪，你就不好意思不剪！只有恶化到某一天，大家都马虎，也没人站出来纠正时，才会造成这个现象。别小看这一点，它除了显示人们的公德不佳，更可能因为屋主连假日都忙得没空整理庭院，又舍不得花钱找园丁。这种家长常无法教出好孩子，孩子一坏，地区就坏！搬进去，你和你的孩子，也都倒霉！”

还有一个可以由外面看出地区的好方法，是看四邻房屋的保养。最简单的例子是，如果你在旁边看见一栋完全拆除新建的房子，并不是为图利而由一家庭改成两家庭或三家庭，八成显示那个地区是不错的。因为没有人肯在已经走下坡的地区，斥巨资重建。

谈到建筑本身，学问就太大了！除了请工程师代为检查，会看房子的人，往往进屋之后，先注意天花板和地面，这两者能“平”是基本条件，有些人甚至会拿个弹珠放在地板上滚滚看，以检查水平。

进一步是看墙面，譬如有大的裂缝，既在楼上见到，又见延伸到楼下，极可能是地层有了下陷或移动，这是因为老美盖房子，多半不打很深的地基，又总是在建筑前不久才整地、推土，造成地层容易松软。

至于地下室，“看墙脚”就尤其重要了，如果墙脚有水痕、霉斑，都表示下大雨或融雪的时候，有淹水的可能。还有接触地面的柱脚，一定要敲一敲，如果空心，表示有生白蚁的顾虑。许多人以为白蚁会飞到屋梁上，把房子蛀垮，实际白蚁冬天都要退回地下，它们多半是春天由接触地面的木柱，逐步向上侵入，才蛀到屋梁的。所以靠地的柱子没有白蚁，梁上就不应该有。

开关二下窗门，也是检查房子的好方法，因为太老的屋子、倾斜的屋子和懒惰的屋主，都可能制造不能开启的门户，或许有人要问，懒惰的屋主有什么关系？我的答案是：

关系大了！因为屋子就像是人的身体，只知道生了大病开刀的人，绝不如平日勤加保养的人健康。所以会挑房子的人，常爱看地下室男主人的工具房，如果发现各式工具完备，挂得又整齐，八成那房子连小毛病都没有。因为有一点小裂、小缝、小漏，主人立刻就会把它修好，而“自己”做的精工，往往能比外面工人做的结实几倍。当你住进去，只觉得每个橱柜、门窗，甚至水管、天沟，都特别讲究，不知省了多少麻烦，这时真得感谢前任屋主“修得善果”！

相反地，那离婚夫妻的房子，不必问，常能看得出来。譬如门上有洞、锁被撞损，杂乱的橱柜、积垢三分的浴室磁砖，不是显示有个全武行的丈夫，就可能见出一个沮丧的妻子。

当然，有地产掮客说：“这种房子正该买，因为离异夫妻，急着分产，甚至已经各自买了房子，正急着要钱，所以还价的空间特大！”

但他们很少会对中国的买主说。因为：风水症候！离婚的房子，中国人八成不要。最起码，太太会拒绝！

有些人一过年就往国外跑，说得好，是度假；
说得露骨些，是避难！

不识年滋味

离开台湾愈久，对“年”的感觉愈淡，倒不是忘了怎么过年，而是不知道什么时候过年，更怀疑干吗要过年。

小时候过年，心喜大了一岁，手里拿着红包，说是压岁，却直往墙边站着画线，得意地看着今年又高了半个头，所以那心情是“只要我长大”，忙不迭地希望新年送旧年。

少年时过年是万般滋味的，既窃喜去年混过了，却也离那初中、高中、大学的各式联考，又近了一年。寒假刚过，黑板边上只怕就开始一日缩小一日的阿拉伯数字，为联考做了倒数计时。只有考取大学的那一年，觉得真是朗朗乾坤，好个新的一年。

至于中年，则是最没有道理过年的，经济稳定了，明年未必比今年又增减些什么；生活富裕了，过不过年，衣服鞋子和餐桌上摆的，也没大的分别，倒是多了小的要红包，长官要送礼这许多麻烦事。就算是走运当上了长官，却还得受那宾客登门的寒暄之苦。所以有人从大除夕就往牌桌上坐，因为过年理当是可以赌的，不为无益之事，何以悦有涯之年？他这一年，是在方城间混过去的。也有人一过年就往国外跑，说得好，是度假，又表示自己经济的水平高，实在心里在窃喜的是，可以借题不去拜年；说得露骨些：不是过年，而是避难！

只是不知老人过年的心态如何，倒记得老母

六十五岁那年，突然宣布从此不再出去拜年，言下之意，是年岁大了，不再需要出去哈腰，只等诸晚辈来拜，坐在太师椅上散红包。实在应该说，因为她再少有求人之处，既然少了需要拜托之事，所以也就免了拜年之苦。

年是要“拜”的，这话一点没错，君不见，过年拜佛烧香拜祖先，拜望亲友、长辈，至于同一辈则互拜，这拜的意思，是拜谢以前的照顾，拜托以后继续爱护，也是难得见面的朋友，借机互相拜访。

但是就在这“拜”上，便也见出许多学问。年高德劭者，前去拜年的人多，这是“拜望”；财大位高的，宾客络绎于途，这是“拜托”；至于那门前车马稀的人家，是大可不去拜年的，一因为你去拜，也八成要扑空，他早给别人拜年去了，偏偏那人多半不是你。

小时候，虽然苹果贵，我却最不爱，很简单，因为吃到的苹果，都空空干干像是脱水的。尤其是年节之后，在那一篮子渡海个把月，又串了千门万户，张太太、李太太提进提出无数遍，总算忍无可忍，被分发下来享用的时刻，早成了食之无味、弃之可惜的蜡果。直到来美国之后，吃到了新鲜的苹果，反觉得有些不真实了。

不过，穷困时过年，当然是要比现在这种富足时，来得印象鲜明的。以前听母亲说，她小时候过年才能吃到肉，大学时到兰屿，听孩子在学校里唱歌，不知是不是自己改了词：“新年好！新年好！新年的孩子个个吃得饱。”才发觉那些孩子一天常只能吃一顿，所谓的营养午餐，也不过是一个馒头加碗野菜汤。

如此说来，他们那年就真有些意思，也无怪在美国的年显得平淡了。

去岁除夕，正是我从台北赶回纽约的第三天，时差没过来，却带了新年的消息回家，我对老婆说：“我特别赶回来过年！”太太一笑：“噢，可是我那天要开会开到很晚！”我又转脸对儿子说：“不错吧！老子特别赶回来陪你们过年！”岂料儿子一怔：

“什么过年？”

碰了一鼻子灰，总得找个台阶下，想过年前理当大扫除，便兀自从厨房最上面的柜子扫了起来！将那过期的食物、不必要的瓶罐全扔在大垃圾袋里，却见老母怒气冲冲地跑来：“那是我留的，怎么扔了？”

“要过年了，这是除旧布新！”我赶紧解释。

“什么过不过年的！你除旧，敢情把我这老的也除掉好了！”

您说，过年容易吗？所以，请别问我在美国怎么过年！

太太开车，被歹徒割破轮胎；儿子出门被抢走现款；
女学生在电梯里差点被强暴；男学生被一枪打中脖子……
要做纽约客，先想想怎么活着！

谁是纽约客？

十二年前，当我结束丹维尔美术馆的工作，打算到纽约任教的时候，每一个听说的朋友都瞪大了眼睛说：

“天哪！你怎么能离开这么闲静的弗吉尼亚州，到那个强盗出没、杀人不眨眼的纽约去？纽约的人冷酷到即使你心脏病发倒在地上，大家也都只是绕道过去，没有人理睬！”

我在抵达纽约的当天下午，一位朋友带我提着几十公斤重的大箱子，爬上数十级的石阶，到圣若望大学后面的一户人家租房子，那房东太太只为了我问“能不能只租到暑假结束”这么一句话，不由分说地就请我走路。尽管我说“如果非要以一年为期，也可以”，她却以“因为你有只住短期的想法，难保你不半途开溜”，而拒绝了我的要求。

后来我由于兼新闻工作，常跟纽约“台湾新闻处”的朋友往来，接连地听说其中一位小姐在家门口遛狗时被抢；另一位小姐在大街上被抢颈上的金项链，由于链子太结实，几乎被拖了半条街，脖子都拉出了血；又有一位年轻小姐，早晨上班，居然被人一拳打伤了小腹。

至于我在圣若望大学任教，一位姓朱的女学生从我的画班下课之后，居然在回家的公寓电梯里差点被强暴，她骗对方说：“我年龄大得可以做你妈妈。”那歹徒竟笑答：“我就喜欢！”

最可怕的是一位中国男学生，居然在学校侧门外，为了护卫女同学，被一个黑人少年开枪打中脖子，幸亏命大，子弹从比较不要紧的地方穿过。

而后是我内人在法拉盛被人恶意割破轮胎，所幸她知道那是匪徒的伎俩，勉强开到修车厂，坚持中途不下车检查，所以能平安渡过。至于我绘画班上的两个学生佩姬和柯莱特，则中了圈套，在下车查看时被抢走了皮包。

更令我惊心的，是连着几年，当我在中国城做春节特别报道时，同一条街上都发生了枪击案；还有我的左邻被两个少年打破后窗冲进去，当着女主人，抢走许多银器；以及我儿子和同学一起去看电影时，被人抢走了身上的现款，同学的父亲追踪匪徒，在电影院里开枪等种种。

十二年来在纽约，仅仅是身边就发生了这许多事，把我真正磨练成一位纽约客。

New Yorker（纽约客）这个名字真是取得太好了，那是一种特殊的动物。将满腔的热情藏在里面，以一种冷漠的外表、冷静的态度，来面对周遭冷酷的现实。因为如果不够冷漠，就容易“人善被人欺”；不够冷静，就要处处反应失当，吃大亏。

作为纽约客，他知道即使迷了路，也只能不露声色地看路牌，而不可东张西望。也就因此，到陌生的地方之前，必定先看地图。如果是自己开车，出发前就要把车门锁好，因为不知道那地区的情况，难保会碰到红灯停车时，有人突然冲上来，将枪口冷冰冰地抵在你的太阳穴。

作为纽约客，他知道晚上商店打烊之后，如果在街上行走，要尽量靠着马路那侧，而不可沿着骑楼边走，因为随时可能有人从旁边的门里伸出一只黑手，将你一把拉进去；也可能迎面走上两个人，将你挤到旁边洗劫，甚至避免你喊叫追逐，而临走时赏你一刀。至于靠马路走，如果看情况不对，还可以向街头拦车呼喊，或只是冲过马路，而避过一场大祸。

作为纽约客，他绝不独自穿过地铁，而在亮处待到有人同行，再一起穿过。他也绝不单独一人坐在地铁的空车厢里，更不会坐在角落。也就因此，常可以看见，地铁到了深夜时，许多人放着空的车厢不坐，而宁愿挤在一块儿。

作为纽约客，当他听到邻人家有枪声，或见到街头的凶杀时，不会立即冲往现场，而是报警。因为他知道，当他有勇无谋地冲过去，很可能吃下另一颗子弹，警察却因为没人报案而无法赶来。

作为纽约客，当他夜里听到街头枪响或有车祸的声音时，绝不立刻点灯，而是从窗帘间察看，记下肇事的车号和歹徒的相貌穿着，成为提供线索的证人，因为他知道自己提早曝光，很可能惹来杀身之祸，更使警方失去了破案的机会。

作为纽约客，深夜坐计程车时，必定请送行的朋友先记下计程车的牌号，而且记下车牌号的动作最好让司机看见。至于到家后，则应该立刻打电话告诉朋友，以免对方担心。

谁说纽约客没有情？只是那情冷静地藏在里面。他避免给予恶人可乘之机，绝不暴虎冯河，也绝不因吝于报案，而让匪徒逍遥法外。

明知不可以做，而人民非要做，
政府阻止不了，只好配合而为之。
目的是——人道。

知其不可而为之

纽约有个高中生，连续被抢劫了五次，案子虽没破，学生却受到老师的表扬，原因是他能毫发无损，可见“被抢”的功力之高，足为同学楷模。

“被抢”的学问确实不小，七八年前纽约警察局为了教导人民“被抢之道”，还特别公布了一套办法。

譬如男人被抢时，如果穿了外套，要先把两襟敞开，露出口袋，叫歹徒自己去拿，表示倾囊以授。至于女人，则要自己掏出口袋里的东西送过去，免得对方在摸口袋时，引发了另一种非分之想，变成抢劫兼强暴。

但仅仅是掏口袋，警察局又千叮万嘱，不要忘记先拉开外套的两襟，免得抢匪以为你是伸手掏枪，而先把你打倒。此外被抢的态度也要讲究，必须不卑不亢，如果卑得像狗，他少不得“顺便”踢你一脚，若亢得像是毫不在乎，甚至说：“去！给你吧！”必然更吃亏，因为抢匪不是求施舍，他们还有自尊心，否则早改行做乞丐了（纽约的乞丐月入甚丰）。

谈到这儿，我们能不佩服纽约警察的善解人意吗？他们的道理很简单，抢劫事小，人命事大，如果只是被抢，大可以不去破案；假使受伤或丧了命，则非得破案不可。为了自己轻松、人民安全，所以公布这一套“办法”。

尤有甚者，今年初，纽约市政府居然想到为注射毒品的人提供免费针筒，为监狱里的犯人提供保险套，以避免艾滋病的感染呢！只是人们难免心想，这针筒该如何发放？如果明知那些人用毒为什么不抓？

此外，我们有数以万计（只怕十万计）的小留学生在美国念书，倒也沾了他们特殊制度的光。这是因为美国政府规定，只要是学龄儿童，不管他们的父母是否非法移民，都可以免费受国民教育，甚至严格讲明不准移民局到学校查非法移民，以免剥夺孩子受教育的机会。

从以上这些例子，我们可以说那是另一种“知其不可而为之”，明知不可以做，而人民非要做，政府阻止不了，只好配合而为之。目的是——人道。

掰

“掰”，看这个字就知道，是拿手分开东西，

像“掰月饼”“掰开来瞧瞧”。

又因为“掰开来”，而有发现真相的意思。

可是掰，这年头常被人当“瞎扯”，分明不懂，偏装内行，胡乱分析。

下面四篇文章，既引经据典地分析，又天南地北地瞎扯，故谓之“掰”！

如果问在生活用品中，与我们关系最密切，却又可奢可简，
甚至可有可无的东西是什么，
我相信答案必然是那一生差不多有三分之一在上面度过，
生于斯、死于斯、欣于斯、悲于斯，甚至八成孕育于其中的床了。

床

床是谁创造的，没有人敢给一个肯定的答复，这就好比问厕所是谁发明的一般。自有人类，便自然有床，铺些干草是床，垫些毛皮是床，铺张草席是床，摊张塑料布是床；精雕细琢、嵌金缀玉，外加上锦帷兽香，也是床。只要那圆颅方趾的动物往上一躺，下面所占的地方，便自然可以称得上是床；甚至推而广之，便是土地之上，什么都不铺设，只要倒下身，那

大地便也是床，青天自然成被。

其实何止人类懂得“床的学问”，连那鸟兽也丝毫不差，几乎大部分的鸟，下蛋前都知道“筑窝”，辛辛苦苦地衔些干草、碎叶、羽毛，将那小小的爱之窝，铺上一层柔软的东西，卧在其上不但舒服保暖，更免得鸟蛋碰破。这还不稀奇，且看那狼，不但懂得找个好的所在困觉，睡醒之后，还知道践踏消灭睡过的痕迹，成为“狼藉”，是对于床，在“事后”多了分料理的工夫。所以事前不知道铺置床的人，是不如鸟；不知事后料理床的，是不及狼。当然这世上也有些鸟自己是不设窝的，譬如杜鹃，硬把蛋下在别人的窝里，让别的鸟去孵，它自己也就不必设床，这与那四处为家、随“遇”而安的某一种人，大约是表亲。

固然说床可以不拘形式，只要能卧即成，但人类总在追求更舒适的环境，那“不可一日无此君”的床，自然也随之进展。妙的是，虽然都是睡，这古来床的变化可也真不小，床的品目之多，也真一下子说不完。

在中国，“牀”这个字，就已经有许多学问在，左边从“爿”，这像墙的东西，代表木板；右侧从“木”，则表示木质。可以知道最少在造字的时候，我们的老祖宗，已经知道搭那木板床了。到后来床产生了俗字，变了个样子，成为“床”。那上半部“广”，代表搭着半边的屋顶，意思是在有顶的情况下，那木床才算是真床，否则一下雨便成泽国，如何能睡得安稳，可以说是在造字上又进了一步。所以我主张今天写“牀”，应该都写成“床”，既省了笔画，又觉得舒适，比那旁边只有块墙板的床，有道理得多。

西洋人不像我们老祖宗这样懂得文字的艺术，却有许多异曲同工的发展。起初洋人的床，是不带顶子的，后来不知是不是受到东方的感化，居然都在四周竖起柱子，架上“天篷”，也仿佛由“爿术”进入了“床”的境界。

中国人是床椅不分，可躺可坐

至于造床的材料，洋鬼子则比我们还讲究。埃及大王图腾卡门墓里发掘出的床，是黑檀木造，加上兽头雕金为饰；至于巴比伦人的领导阶级，则喜欢使用铜镶宝石为床，其中埃及人的“折椅”，且传入了中国，大约就是后来所谓的“施转关以交足，穿便绦以容坐，转缩须臾，重不数斤”的“胡床”。

胡床，又叫作“交椅”，实在只是个椅子，但是中国人似乎很早以前，就把坐和卧的器具，统称为“床”了。譬如那《孟子·万章篇》中记载，舜的同父异母弟弟象，在落井下石以为害死了舜之后，赶往舜的房子，正打算去接收舜的遗产和两个老婆时，居然发现“舜在床琴”，那床就不当做睡的床，而是坐的床。

同样的道理，西藏喇嘛的所谓“坐床大典”，可也不是坐在睡觉的床上？中国人用来坐的床，大约是以木料架铺起来，离开地面的一块平台状的东西，有时上面还能加设屏风，摆上书卷，拈香弹琴，故宫收藏的元人画倪瓒像和唐伯虎仿唐人物图上，都有这一种床，连那山西大同出土的北魏漆画，都有这种“坐床”。而据我想，古时坐在老虎皮上教课，所谓“坐拥皋比”的张载，那张虎皮，当必也是铺在这一号床上。

至于西方，也有供人可躺可靠的床，譬如亚历山大大帝就常坐在睡椅上听政。这种长条形、一侧高起来的“亦床亦椅”，早从希腊时代一直到如今，都有人使用。西班牙大画家戈雅差点为之坐牢的名画《裸体的玛亚》，是半躺在这么一张椅子上，马奈当年引起恶评的名作《奥林匹亚》，似乎也是躺在这种椅上。谁叫这种椅子，既能倚靠端坐，又能平卧而眠，有这许多“风韵”呢！

与洋鬼子的睡椅比起来，我们的床，可就严肃得太多了。传统睡觉的床，入画的似乎不多，偶尔落到画家笔下除了那《风流绝畅图》，多半十分不入味。譬如顾恺之的《女史箴图》，固然一男一女据床而坐，而且那床还上带顶罩，边垂帘幄，附加屏风，却十足表现的是道学文章，教育女子，对丈夫要小心讲话，否则就算睡在一起，也得不到信任。所可贵的是这张画倒提供了我们“考床”的最佳参考资料，似乎与十八世纪路易十六的床有些相近，跟那鹿港民俗文物馆中的床，也相去不远。

李清照对床榻有独特的笔下功夫

谈到文学作品中，有关床的实在也不太多，翻遍唐诗三百首，除了三岁小儿也会诵的“床前明月光”（李白《静夜思》）和温庭筠的“洋簟银床梦不成，碧天如水夜云轻”，根本就找不出什么“床”。与这些伟大的男诗人比起来，倒还是才女李易安高明，且看：

凉生枕簟泪痕滋，起解罗衣，聊问夜何其。（南歌子）

昨夜雨疏风骤，浓睡不消残酒。（如梦令）

睡起觉微寒……沉水卧时烧，香消酒未消。（菩萨蛮）

香冷金猊，被翻红浪。（凤凰台上忆吹箫）

枕损钗头风，独抱浓愁无好梦。（蝶恋花）

玉枕纱厨，半夜凉初透。（醉花阴）

酒醒熏破春睡，梦远不成归。（诉衷情）

藤床纸帐朝眠起，说不尽无佳思。（孤雁儿）

伤心枕上三更雨。（添字丑奴儿）

枕上诗篇闲处好，门前风景雨来佳。（摊破浣溪纱）

绛绫薄冰肌莹，雪腻酥香，笑语檀郎，今夜纱厨枕簟凉。（丑奴儿）

随手拈来，已得这许多或凄楚感怀，或香艳浓郁的佳句，自古文人，对枕簟床榻能下这许多功夫的，当非李清照女士莫属了。

当然、，男作家最后倒也没让易安专美于前，直到现代总算出现了一代情圣徐志摩，且看他那《爱眉小札》八月十一日所记：

> 阿眉！比如昨天早上你不来电话，从九时半到十一时，我简直像是活抱着炮烙似的受罪。心那么的跳、那么的痛，也不知为什么，说你也不相信，我躺在木床上直咬着牙，直翻身喘气哪！

看得多么让人脸红心跳又为他紧张啊！要知道，古书载："三尺为榻，八尺为床。"他老才子若躺在那三尺的榻上咬牙翻身喘气，只怕不扭到腰，也得摔下来啊！

说到从床上摔下来，可真不是闹着玩的，从徐才子的床上摔下来还好，如果换成了那欧洲中世纪末期的“伟然大床”（The Great Bed of Ware），摔下来只怕非死也得重伤，因为那每边十二英尺长的大方床，离地面足有七英尺半高。

床越来越低，“上床”更容易了

高床，似乎在欧美很是流行了一阵子，不知是因为睡在其上，有“高”枕无忧之感呢，还是有什么特别的风水讲究，总之，据我在弗吉尼亚州华李大学亲眼所见，那美国南北战争时的名将李将军睡过的床，就够高的。据该校一位教授说，某年有位东方外交官赴校演讲，学校特别礼遇，留之夜宿李将军当年睡过的床，这位身材不高的外交官跳了半天，居然上不了床，可见那床有多高了。

再有一明证是我而今在纽约所睡的床，儿子当年六七岁时就上不去，只为那是我老房东的赠礼，十足的古董床架，上加现代弹簧床垫和我这半古董人物。

又有一年，我到挪威旅行，下榻奥斯陆的格兰大旅馆，精雕巧琢的半宫殿式建筑，给人一种鬼里鬼气的感觉，尤其是高大宽敞的卧室正中央，放置的那张特高的床，白色的床罩，远远看去活像医院停尸间里盖着白布的停尸床。乖乖！好不容易爬上去，赫然头顶上，丈高的天花板下，挂着的黑色足有百斤重的大吊灯，那根尖尖的锥子，正对着我的心脏。

所幸人类虽然愈长愈高，楼也愈盖愈高，房间却愈来愈矮，床也愈变愈低，甚至愈缩愈小。老祖宗们当年睡的“伟然大床”，两个人各朝相反方向翻两个滚，还滚不到边；现在的Twin size，一个人睡，却还有“失身”之虞。大概也正因此，床不得不低，如此一来，“上床”更容易了，床与地也愈来愈没有分别了，加上长毛厚地毯，有些人干脆将床免除，整个房子都成了床，岂不更妙。

其实东方人早就有了这许多会通，日本人用“榻榻米”，中隔的纸门一拉开，能成为可以睡上百人的大床。至今许多韩国家庭用的大炕，地面是油油光光，摸起来是热热呼呼，因为下面有管子通烟火热气，不也正是个带“电热”的大床吗？不过这两样我都不欣赏，因为那“榻榻米”太滑，上面铺起垫子、棉被之后尤其滑，一不小心，就要摔跤；加上夏虽佩而冬不暖，就算放了暖气，因为热气上升，地面仍是凉凉的，还仿佛有冷气透过草席的缝，直往上沁人骨髓。

至于“大火炕”，我也不欣赏。记得有一年我睡在上面，半夜活活被烤醒，拿起放在上面的手表，烫得十足像刚出锅的卤蛋，实在太热，只好把窗子拉开一缝，瞬时外面零下十几度的冰寒便又溜了进来。结果当侧卧时，靠炕的一侧是煎烤乳猪，不靠炕的一侧，却又如那冰镇冻肉，一觉下来，足足肩痛一个星期。

结了婚，千万别睡会叫的竹床

至于洋床，我也有不欣赏的，首先是他们对床的称呼“bed”，英语稍稍没念清楚，就成了“bad”。十余年前有位任职航空界的朋友，粗懂英文，某日写信给她的外国友人，谈自己跟男朋友已经处坏了，结果那句英文写成了I am in bed with my boy friend，意思反成了我跟男朋友在床上。想到这事，每次我讲bad都要小心三分。

鬼子造的床，我则最怕那种现代玩意——“水床”，这东西实际就是胶袋里灌水，如同一个压扁了的“大水球”。睡在上面，地不动而人自晕，耳下是淙淙泠泠，身体则摇摇荡荡，所幸四边有个稍硬的圈圈保护，否则只怕不必转身，便会被摇下“船”来。加上水不像弹簧，睡到弹簧床上，先生如果是个大胖子，大不了太太会滚到先生旁边挨着，睡在水床上可就妙了，先生如果胖，太太便要被高高地举起，尤其危险的是，如果胖子打个喷嚏，只怕太太便要被床中的水震飞出去。

此外中国的竹床也不甚高明，每次提到它，都使我想起两件事。一为我的某位长辈以前常常训诲我，说她当年有多苦，每到夏日艳阳，便夫妻二人，抬竹床到院中，用力向地上磕，于是便有各式虫等，如伞兵般纷纷自床缝降下，呈野战突击队式，四处散开，听来多么恐怖。

还有一事，是我初中时曾读过一篇小说，当其中主角夫妇告诉几个子女，如果夜里碰到地震，要赶快向院子里跑时，子女回问："我们睡得迷迷糊糊，怎么知道地震？"父亲灵机一动说："只要听到爸爸妈妈的竹床吱吱呀呀地响，就是有地震。"结果某夜其中一个孩子被如此声音惊醒，前呼后喊地，姐妹兄弟全逃到院中，独不见父母出现云云……这个故事，我当时不太懂，直至大学，某日才突然通悟，从此立志，结婚以后，绝不睡会叫的竹床。

床笫间事，焉能不慎？

认床，应该是许多人都有的毛病，夜夜寝于其上，既是肌肤之亲，更是生死之交，自然产生特别执著的情感，因此有些人换了床就难以入眠。古时欧洲的某皇甚至旅行都带着床，路易十四甚且一人独占四百一十三张床，床床都是圣物，连那莎士比亚死时，居然还在遗嘱中指明将他“次好”的床留给老婆。当然这些都是有钱人。据史书记载，十八世纪，在欧洲如果一个人住旅馆，极可能得与一个或一个以上完全陌生的人合用“一”张床，只为当时的床实在是稀而贵。比起他们，我们炎黄子孙，对床的考究可就另有一番学问，那镂花雕洞、嵌螺缀钿和其间的枕簟熏香的讲究且不去说，单单床的摆设，便有万般的学问。所谓床上的人视线不能背着门，也就是床上人，要能张眼见得到门为佳，否则由门外来客容易惊动床上人的“气”。

但又有所谓卧室的床不能与门成一直线的讲法，即是由门外应该不能一眼就看清床上，否则遇到刺客，一箭便能将床上的入射穿，太不安全。

更玄的是如今钢筋水泥的时代，仍有所谓床头不能对着梁，免得梁倒下来把人压死；床又不能放在“刀形屋”的刀刃或尖角上，免得被“割”。还有所谓设床要因主人阴阳五行定位之说。床下的东西就更讲究了，黄金、镜子、玻璃、宝石、瓷器之类明亮之物，大约无碍，若有昏暗晦败之物，则易招病；至于被人下蛊念咒，或用稻草木人写上床中人的生辰八字，心扎钢针，则八成要完蛋。相反，若懂得施法，在那床垫下动动手脚，或为床的四腿绑上红绳之类，又往往有为床上人祛病延年之效。此外连那抬床、动床都有玄奥之处。

话说吾友李君当年在圣若望大学时交一女友，双方家长都反对，李君某日突获观气貌色专家指点，每日晨起，上下抬动床脚离地若干次，果然未久，男方父母便不再反对，只是女方家长依旧，终至仍然告吹，且据说损失一些钱财。我曾十分感慨地对他说：“谁让你只抬床脚，怪不得‘床头金尽’。”他则回答：“君言差矣！只怪我没将床移到东边，袒着大肚皮睡觉，所以做不成‘东床快婿’。”

我则说：“所幸你没移，如果移了只怕要生病，因为你卧室东边有窗，而床最好别放在窗边。”

“为什么？”李君不懂。

“你未读《论语》吗？伯牛有疾，子问之。自牖执其手曰：‘亡之，命矣夫！斯人也，而有斯疾也！’

“伯牛病重，必然卧床，孔子能隔着窗子握住他的手，他的床岂不是正在窗下吗？由此可知窗下不可设床。”

“床笫间事亦大矣！”李君击掌而叹。

“生死由之，生死以之，累则趋之，病则卧之，游戏其中，伤颓其中，醉梦其中，岂可不慎？”

如果问这世界上，除人以外，最伟大的动物是什么，
答案绝不是会耍把戏的猴子、海豚，
也不可能是那能看家救主的狗子，
而应该数那楚楚可爱的猫了。

猫爷万岁

声势惊人的一族

说实在的，猫除了因为脑子小了点，而必须把第一名拱手让给人类，几乎其他方面，样样不比人差。世界上最壮的动物，不会是日本的猪木，也不可能是当年的阿里，而是猫的大表哥、万兽之王的狮子；世界上最快的动物，绝不是美国的刘易斯，也不是南非

的左拉，而是公认为猫的二表哥、每小时能跑七十英里的豹子；世界上最能黑夜逡巡、飞檐走壁的，更不是英国的侠盗罗宾汉，或中国的盗帅楚留香，而是那夜能视物、轻功绝顶的“猫大侠”。连那世界上最难令人捉摸的动物，恐怕也不一定是矫揉造作的小姐、女士们，而是那身披重裘，手藏利刃，睡时鼾声震壁，走时阒无声息，才看缠绵床榻，便见飞影屋梁；忽而蹭耳摩颈，百般温存，骤然怒发冲冠，剑拔弩张，且能在逐猎、凌虐、杀戮之后，眯着眼，以那沾着血的舌头，轻舔慢理巧梳妆的猫了。

古埃及年代，身价不同

猫伟大！对于这一点，我们的老祖宗可远比洋祖宗们发现得晚。

早在五千年前，埃及人就已经将猫尊为上宾，甚至奉为神祇。那猫神不但掌管人们的农作收获，而且领导人们死后的灵魂。埃及人不但对猫生时“事之以礼”，死时且“葬之以礼”，所以如果您到西方博物馆，看到大木乃伊旁摆着许多小木乃伊，可别以为那是他们的死小孩，而八成是他们家的死猫。至于那猫木乃伊旁总有更小的木乃伊，则是制成木乃伊的老鼠，为了给那死猫到天国去享用。他们甚至立法，任何人杀了猫，即使是意外，也要判处死刑，所以在古埃及，真可以说人命不如猫命值钱。

相反，我们的老祖先，不但远不如埃及人尊敬猫，而且认识猫也远比埃及艳后晚。君不信可以查查看，甲骨文上，老鼠的记载是一大堆，却偏偏连“猫”这个字都找不到。也正因此，十二生肖中，鸡狗猪都列了名，却独独不见猫。后人硬编个故事说，因为玉皇大帝在选十二生肖时，老鼠没有依约叫猫起床，使猫缺席而未列名，实在是由于定十二生肖时，我们的老祖先还没养过猫啊！

照西方学者的研究，家猫大约是非洲野猫和丛林猫结婚之后生下来的杂种。最早由埃及人领养，再渐渐由腓尼基人和后来的罗马人远征军带到世界各处。如此说来，我们中国人养的“狸奴”，倒还真是由“昆仑奴”传来的东西。但是不论在东西方，人们起初养猫大概还总是为实用的成分多，为赏玩的成分少，所以《礼记·郊特牲》里说：“迎猫，为其食田鼠也。”连猫造字的来源，也有一说，是因为老鼠为害田里的秧苗，而猫能捕鼠，除去了害苗的东西，所以“猫”字的右边，要从“苗”字。

想必埃及人当年养猫也是如此，正因为猫捕鼠，间接地救了庄稼，所以后来被奉为保佑收获的神。

天生的侵略性和好奇心

其实猫捉老鼠，既非前辈子与那跳梁小丑结了怨，也不是因为老鼠的肉特别香，而是天性使然。所以吃饱了的猫，不见得就不抓老鼠，只是抓到不一定吃下去罢了。猫以扑鼠为乐，由美国大肥猫看到橡皮电动鼠追得死去活来，就可以证明。我们几乎可以说，猫有一种天生的侵略性和好奇心。看到小鸟，它要扑；遇到蟑螂，它要逮。非因小鸟和蟑螂的滋味，而实在是因为那是它感兴趣、可以追逐为乐的，而且最重要的一点——那些东西都比它小，它玩得来。

也正因此，猫会抓小鸟、小鸡，却不敢去惹那老鹰、大公鸡，它可以把老鼠又踩、又丢、又咬、又摔地弄个死去活来，却绝不会去碰那大袋鼠。同样的道理，如果真有一种方法，把猫的主人变成老鼠一样大，且不论主、猫之间有多么深厚的情谊，我敢保证，那“狸奴”必定毫不考虑，一个箭步扑上，将那主子口到擒来。

既是贴心宠物，也是势利小东西

猫是最好奇的动物。猫心理学家一致将猫的行为归在好奇心上。一只养了十年的老猫，很少会不为好处或奖赏而听主人呼唤的，但在好奇心的驱使下，却很可能想尽办法，把每个橱柜的门都打开。在好奇心的驱使下，它们的耐心是惊人的，而它忍着不好奇的能力，则几近于零。所以当你明明知道猫在家里，却呼前喊后地唤不到时，只要拿根绳子，拴个小铃铛，一路拖着走，保证那猫必定立刻跳出来。否则，它就算不得是一只猫。

猫就是这么势利，它在你脚边咪咪叫着，不是为了要吃东西，就是请你开门让它出去玩；它在你手边厮磨，八成是希望你为它总爱发痒的颅，来两节痛快的“马杀鸡”；当它绕着你的睡衣腰带打转，或追着你的拖鞋跑，八成是为了玩耍。说来说去，猫对人好，总不脱“吃、喝、玩、乐”几个目的。连那睡觉都是如此，到了冬天，猫总不离人，你坐着，它要躺在腿上；你上厨房，它很可能跟到炉台上卧着；你写文章，它极可能趴在灯下做梦；你上床，它也要掏个缝挤进被窝，且比你先发出震人的鼾声。于是对那自作多情的主人来说，便觉得这猫真是贴心了，问题是，这些人八成是故意不去想：到了大夏天，那猫可是睡到了窗台、石板地或透风的门缝边，除非有冷气，只怕连主人身上半刻都不愿意待。

体型袖珍，功夫惊人

有些人不喜欢猫，是因为觉得猫太残酷。其实这也不能怪猫，谁让它是猫呢，跟它的表哥、堂哥即狮子、老虎比起来，它已经因为体型小，不得不依附人，而韬光养晦得多了。话说回来，你叫兔子狠，它也狠不起来啊！

除了身材小，猫实在具有一切凶猛野兽的条件。它的毛皮丰厚、滑动而富弹性，有最佳的保护作用；它的脚下有肉垫，正适于蹑足偷袭；它的眼睛几乎在正前方，最适于测量距离；它的瞳孔可以大幅张缩，正适于日夜视物；它的耳朵大而能转动，正适于搜巡；它的爪子可以不断生长，正适于钩抓；它那三十颗牙齿锐利，正适于撕咬；加上带倒刺的舌头，可以把骨头上的肉舔得一干二净；还有那“软骨功”，特殊活动的肩胛骨，使它能挤缝钻洞；更有那超级的弹性，可以纵跳奔扑，正如画虎名家林玉山先生所说：猫除了在比例上耳朵、眼睛大些，鼻子小些，根本就是一只老虎，这小老虎居然跟人撒娇，谁还能不满意呢？

色盲、聋子、美食家

当然猫也有它的缺点，因为它的脚爪都向前，所以爬上容易、爬下难，美国的救火队就总是接到求援电话，驰云梯车去救困在树上的猫；猫又只能咬而不善嚼，所以总是囫囵吞，隔一阵子便得吃草呕吐来清肠胃；至于它那夜光眼，也非全然灵光，如果真碰到毫无光线的情况，仍然如同瞎子一般。此外猫更是个不见五色的“全色盲”，更因为遗传基因的关系，许多蓝眼全身白毛的猫，都是聋子，使得主人为了怕这种猫过街危险，特别给它们挂上牌子——我是聋猫。

猫也有许多跟人相同的地方，使人不得不十分佩服。譬如猫也有乳齿，到六个月的时候才换为成齿；猫又是一种会返老还童的动物，十岁以上的老猫，会跟老人一样，再变得好奇而有童心；猫甚至会做梦，而且脑波跟人一样地动；猫还是“美食家”，少而且要求色香味俱佳，许多猫在鼻子不通的时候，就因为嗅不到味道，而拒绝吃东西。连语言，猫都跟人一样有许多抑扬、顿挫、呢喃、轻吟、浅唱、雌吼、雄啸的变化；尤其是春情发动的季节，夜阑人静，数猫各据屋梁，赏月吟风，为酬应唱和的雅集。只听得此猫拍铁板，以山东大汉的雄浑，唱一曲大江东去，浪淘尽，千古风流猫物，那边刘邦已击筑而歌“大风起兮云飞扬”；既而对面屋顶，更有荆轲凭檐唱道：“风萧萧兮易水寒”，那歌声既雄浑豪放，又慷慨悲凉，既如歌剧演唱，又似小儿啼哭，且绵绵交织不绝如缕，大约起初总是“呢呢儿女语，恩怨相尔汝”，既而“划然变轩昂，猛士赴战场”，最后不是因为那杀风景的人们，从房下甩上了拖鞋而草草散场，就是在一片鬼哭神号、凄呼惨叫的打斗中，轰轰烈烈地结束。

缩水的老虎

常言说得好：“猫急了咬人，狗急了跳墙。”猫虽然在体型上差狗甚多，但是凶起来的狠劲，可绝不下于狗。它们全身的毛发竖立，连尾巴尖的毛都能支支如戟，体积一下子看来能比平常大上一倍；那原本十分秀气柔软的小脚，也一下子五爪全张，利刃外露；至于娇滴滴的咪咪叫，此刻则成了呼呼的低吼。

这时如果它脸和身体都正对着你，倒还无妨，如果突然身体向旁倾斜，变成以一侧肩膀对敌，再将那身体的重心移到另一边脚上，你可就要小心了！大约猫以左肩对着你时，必定出左前爪攻击，以右肩对敌时，则一定出右爪。懂得逗猫打架的人只要在它亮出左肩时，向它右边移动，在它亮出右肩时，往左边快速移位，就八成会逼得那猫不得不重新布阵，最后知难而退；至于不在行的人，以为猫侧身亮出肩膀，是畏敌的表现，而贸然进逼着，则百分之百会遭殃。

此外，跟猫对垒，还有许多意想不到的可怕处。碰到凶的，它能一下子东窜西跳地扫尽你满架的古董；碰到懦弱胆小的猫，则可能两脚一叉，撒你一地奇骚无比的救命尿。尤有可怕者，是猫不但“急了咬人”，而且“饿了吃人”。多年前有一部英国电影《猫的故事》，就是描写猫攻击人和吃人的事。最近美国更有位养了一大群猫的老太太暴毙家中，等到邻居发现，尸体早被关在屋里的饿猫们分食，剩下的不过一堆枯骨。

各式品种，风貌不同

当然人有脾气好坏之差，猫也因品种和生理、生活情况而大有差异。刚生完小孩的母猫凶，是十足的母老虎，自是大家所公认，所以西方人管凶狠的女人叫猫。此外野猫要比家猫凶也是当然。而尤其要注意的是不同品种的猫，脾气也有极大的差异，其中最以凶狠闻名的要算是暹罗猫，这种猫不但跳上人身时常会不知轻重地出爪子，让你大腿上挂彩，发起狠来更可能直扑上脸，当然也正因为它们的胆子比较大，是少数可以拉着链子逛街和坐车兜风的猫；更以语言的声音丰富，能说善唱和动作敏捷，善于抓蛇闻名。也正由于它们的凶悍，迪斯尼的《小姐与流氓》卡通影片中，那把狗小姐欺侮得差点自杀的两只猫，就由这种黑嘴、黑耳的暹罗猫担纲。

常言又说："狗拿耗子，多管闲事。"其实猫早不让狗子专美于前，也参与狩猎，而可以称得上“猫去打猎，多管闲事”。像是跑得最快的Cheetah（一种特殊长身体高肩的豹）就曾经被训练为人们狩猎的助手，只可惜这种猫科中惟一总是露着爪子的大猫，现在几乎已经要绝种了

超级市场内，为它设专柜

常言还说：“哪个猫儿不偷腥。”其实猫并不是都爱腥的，即或爱腥，也各有品味不同，而且随着时代的进步，工业的发展，猫们的口味也在自然间改变。早期养猫的人都没鱼吃，只好喂猫些菜汤剩饭，那猫也自吃得津津有味；早期在台湾，疼猫的主人常会去菜场的鱼贩处，要些鱼的内脏和小鱼头，煮后能使满屋子腥得人作呕，倒成了猫的佳肴。后来经济发展，主人懒得也苦于煮那腥臭的东西，买些沙丁鱼罐头，更能合得猫爷的胃口。至于最进步的美国，则在

超级市场内，只见满架的猫食，有软有硬，有成包的，有成罐的，有掺水、有不掺水的，有蛋加肝的、沙丁鱼的、鸡肉、牛肉……品味之繁，足比餐馆的菜单；而电视上更总有猫食的广告，不但十分色彩缤纷，而且为其中的猫明星穿衣戴帽，甚至开飞机，一句嚼嚼嚼（Chew！ Chew！ Chew！）的广告词，更成了人们的口头禅。只怕哪一天会特别开一家猫食超级市场，而由群猫自己推着车采购呢！

猫在中国，也受宠爱

当然猫在西方也不尽然都走运，当中世纪时，猫被认为是邪恶的东西，而成千上万地与女巫一起送去烧死、杀死、吊死。恐怕也正因此，造成老鼠的大量繁殖和黑死病的泛滥。由此可知，有猫时不一定觉得猫的可贵，无猫时，恐怕祸害就要踵至了。即使到今天，我们仍然很难否定猫对老鼠的捕杀及吓阻的贡献。

倒是后知后觉的中国人，一向对猫都不错，虽然名字不甚佳，管那猫叫“狸奴”，文章中描写歌颂的倒也不少，譬如陆游的《赠猫诗》：“里监迎得小狸奴，尽护山房万卷书。”至于以猫为题材的绘画更是不可胜数，沈周名作活像一团球的花猫且不用说，连明宣宗也画有《花下狸奴》的作品。可见中国人上上下下对猫的喜爱与恩宠了。

独具慧眼的猩猩

偏偏洋鬼子就绝不容中国人对猫的宠遇超越他们，居然连美国加州的一位十三岁的猩猩——可可小姐，最近也养起了它的宠物猫，这可不是玩具哟，而是真真实实的一只四个半星期大的无尾小猫。妙的是那可可小姐不但收养了这只猫，还亲自为猫取名字为球（这猩猩是受过长期特别训练的，可以听话、识字、打手语），抱在身上又舔又亲，比人类对待宠猫的恩爱，是丝毫不差，而且这收养的过程还拍成专辑，登上了今年元月份最新一期的《国家地理》杂志呢！

各位看官，我们老中岂能示弱，明天赶快送一只小猫给那动物园的狒狒女士或猴子小姐收养，并摄影为证，刊诸报端。

假使说电话带来了“烦恼”，
倒不如讲它带来的是“烦扰”，
几乎只要您府上一装电话，
也就自然装上了这“太扰烦（Telephone）”。

电话的滋味

如果有人问我，认为近代最伟大的发明是什么，我会毫不考虑地告诉他是“电话”，因为电话使“天涯咫尺”，隔着一片大洋的朋友，只消拿起“特律风”，便能谈天说地。但是相反地，如果他问我近代最糟的发明是什么，我也会毫不迟疑地答复是“电话”，因为它使我们“咫尺天涯”，隔着一道墙的朋友，原本可以当面讨论问题，而今却也懒得走动，硬是要拿起话筒子，直把那号码拨去电信局的交换机，再绕个大圈子，回到不过几步之遥的隔壁，无形中又像是拉远了人们的距离。电话就是这么妙，几乎它所有的利，都跟着许多弊，我不敢说那弊多于利，但最起码的：电话带给我许多烦恼。

只要您府上装了电话，自然也装上了“太扰烦”！

假使说电话带来了“烦恼”，倒不如讲它带来的是“烦扰”，几乎只要您府上一装电话，也就自然装上了这“太扰烦（Telephone）”。黎明即起，硬是赶在你刷牙时，打电话推销者有之；半夜三更，十万火急叫牌搭子、紧急告贷者有之；好梦正酣，突来电话，却是问“小路刺刀民在不在”者有之；拈断数茎须，险韵诗将成之际，突然那惊魂一响，灵感全消者有之；躬身入厕，刚摊开报纸，打算“水落石出”之际，突然铃声大作者有之。可恶的，莫过于初初入浴、肥皂满身、一头雾水，突然电话铃声响，且一声更似急于一声，仿佛老天要塌一般，不接硬是不心安，只得湿淋淋地跳出澡缸往电话机跑，抢过话筒"喂！"啪嗒一声，好死不死地却挂上了。

以上这些"烦扰"，想必大部分人都经历过，但是依各人身份、工作的不同，更有些特殊的烦扰。小姐们可能接到"登徒子"或"变态人"的电话，吓得浑身发毛；政治家们可能接到恐吓电话，要你一家人好看；明星们可能接到倾慕者的电话，爱得要死要活；至于我这个身兼"中视"驻美代表的人，则很可能在纽约隆冬的夜里四点，突然被台北公开的越洋电话惊醒，只听得长官在那头十分热情感人地问："怎么样？最近纽约的天气冷吧？"

有一种人成天吃饱没事干，专门拨电话，只为了……

此外，这世上除了变态人、登徒子、仇家恶客之外，还有一种人，成天吃饱了没事干，硬是以打电话恶作剧为乐。

我有幸不但碰过这号人物打电话来，还认识几位有此雅好的朋友，其中两位小姐，专爱在电话簿上查男生名字，再打电话去嗲声嗲气地找这位仁兄，遇上已婚而正是妻子接电话的，少不得要紧张地问东问西，小姐也就极尽婉转娇饰之能事，愈发引得对方猜疑，再突然挂断，笑作一团，想那做先生的回家将如何地被拷问。至于另一位好恶作剧的朋友，则以打电话触人霉头为乐，譬如问对方“是不是棺材店”之类。不过倒也非人人都会让他得手，据说某日他又重施故技地随便拨了个电话：“是不是棺材店哪？”岂料对方竟然回道：“正是，怎么样，您要几个，两个还是三个，够不够？”反倒触了他一鼻子灰。

恶作剧的电话，我是接到不多，但是当年住在长安东路二条通时，因为邻居颇有几位“晚上工作”的小姐，以至经常在半夜接到拨错或跳号的电话。气人的是，当我好言告诉他拨错了号码时，对方却可能穷凶极恶地问：“你是她什么人？”

至于另一种恶作剧的人，则是打电话却不讲话的人。当我在台湾时，有一阵子这种电话奇多，而且连半夜三更都打，硬是不挂也不吭气，我接是如此，家母接听也是如此，倒是拙荆一声“喂！”对方就挂上了，我猜八成是家母和我的旧识，只是至今仍是个谜。

许多人一拿起电话，可以一句做十句，翻过来转过去，说得如“炒豆儿”般快！

接电话，除了有以上这许多由于打电话者不被人欢迎而造成的烦恼之外，还有一大麻烦，就是碰到说个没完的话匣子。妙的是：许多平日见面毫不啰嗦的朋友，一拿起电话，大概少了口沫横飞之虑，或觉得不是“面命”，就必须加倍“耳提”，而变得一句话分做十句话，翻过来转过去，还说得如“炒豆儿”般的快，你连打岔叫停的机会都没有。不过碰到这种人，倒也有个好法子对付，只消将电话筒轻轻放在桌边，继续做你自己的事，偶尔“噢”几声也便可以了。当然这是说碰到外面的“长途电话”，可以如此对付，但是如果遇上自己家里，也出了这么一号人物，可就麻烦了，有时人在外，突然有事非打回家查询或交代，左拨电话、右拨电话还是占线，十足等上一个钟头，急得满头大汗，怒火填膺，好不容易拨通，正想吼过去，却听到那头夫人先抱怨了：“你猜，刚才是谁打电话过来？真把我急死了，要挂都挂不上……”于是过错全推到了王太太、李太太的身上，先生要发作也没办法了。当然那爱占线打长途电话的，不一定全是夫人，家中“有女初长成”的父母们，大概都有经验，大小姐们似乎只要到了爱照镜子的年龄，也便自然爱抓电话，家里只要电话铃响，一溜烟似的窜过去准是她，然后便见缩在一个角，抱着电话机猛啃，那讲话的小声小气，不要说外人听不到，跟她讲话的人能否听得清，真让人怀疑。大凡碰到这种情况，家人可以死掉打电话的心了，不超过一个小时，话筒是绝对放不下来的。而且这大概是人性，所以无分中外，在美国如果您问家中装两架电话的人，八成都是因为家里有着那么一位豆蔻公主，惟一的不同是，在美国，如果子女打电话，父母问对方是谁，可能换来一双白眼：“不关你的事！”在中国，却可能回答一句：“跟同学讨论功课！”

见面三分情，打电话则全靠一条线，难伟……

以上所谈的，多半都是接电话所造成的苦恼，而主要的原因是：我们接电话总是无法选择，同一种铃声，可以是百万元生意上门，也可能是夫人查勤；同一种铃响，对方可能有十万火急的大事，也可能没事闲聊聊。在拿起电话筒之前，谁也难以预知，那话筒的对面，会传来怎样的消息，也因此，愈是忙人，愈不敢不接电话；偏偏愈是闲人，愈是爱打电话，自然造成许多苦恼。但是相反地，我们打电话出去，虽然一切操之在我，仍然可能有许多困扰。

首先，除了那专线、热线电话之外，我们很难料知对面接话的会是什么人。于是沙着嗓子答话，你以为是老王，却可能是老王的儿子；娇声娇气地答，满以为是老王的女儿，却偏偏会是他的岳母。电话就是比不上见面，见面时一眼就能看清，岂会有这许多错误发生呢？至于给外国人打电话，就更是一件麻烦事了。平常见面，外文说不通，总能比手画脚地让对方了解，碰上通电话，可就少了这一层“行为语言”“行为表意”的方便，愈是听不懂，愈是急，也愈说不通，连想要报以一个聊以解嘲的笑容，对方都看不见，岂不苦哉？

此外，所谓见面三分情，这打电话全靠一条线，就硬是少那三分情，于是平时当面拜托，八成能办妥的事，在电话里请求，就常只剩下五分的把握。事情很明白，就算你脸色不好，谁能看得见；就算你火冒三丈，又岂奈何得了对方；就算你气得摔碎电话，也是你自己损失。电话再方便，还是跟当面讨论有许多不同啊！

从拿起电话到搁下听筒，电话礼貌一门大学问！

谈到电话礼貌，这还真是一门学问，几乎从拿起电话，到搁下听筒，都有许多讲究。对于答语的功夫，我最欣赏日本小姐，总是低声细气地两声：“摸死、摸死！”让人听得直舒坦到骨子里。至于中国人，“喂！”就此一声，虽然有些惊人，倒也尚称干脆，毕竟是炎黄子孙的爽朗磊落。但是我们的兄弟之邦——韩国朋友，可就不凡了：“要把沙哟！”这四个音节，十分铿锵有力。也就因为我们中国人答电话，只有那么一个“喂”，所以学问特别大：轻柔地喂，是亲切的；清脆的喂，是明艳的；沙哑的喂，不是苍老，便有些“感性”；至于那发自丹田的喂，则有“来者不善，善者不来”的架势。从那一个字当中，你可以十足感觉出，对方是慵懒不耐，抑或欣然企盼，也常因为这一声“喂”，能完全影响打电话者的心情。

至于挂电话，学问可就更大了。平时与人谈话，如果对方看表，我们便该知趣地打住。可是通电话，就少了这一层的观察，我们这头正讲到兴头上，对方却可能早把一只大钟摆在桌上，甚或一只脚已跨出门外，这时就全凭通话者的功力了。如果对方再三地说

OK，而且将那尾音提得略高，你便得明了那OK的意思，不是同意，而是“可以挂电话了吧！”

偏偏这世上，有一种只把自己的时间当时间、自己的事当事的人，轮到他要讲，你怎么也插不下半句话去，等他讲完了，不待你发表任何意见，咔嗒一声挂上了，剩下个“再见”，是他在挂了电话之后说的，只怪你没听见。

另有一种电话礼貌欠佳的人，全是因为他太忙，于是你电话才拨通，他先捎过一句三分之一秒的话：“请等一下”，跟着便让你听“少女的祈祷”，直到少女都睡着了，他老兄还不来接，你正耐不住要挂，他老兄倒及时返魂：“什么？老刘，你还在等啊？”

这就是电话的滋味，妙吧？

对咖啡，我就是痴，
而且一迷几十年，未尝稍改其志。

吃咖啡与咖啡痴

有位朋友酷爱打麻将，不但自己打，还要别人打。也不是叫别人做他的“牌搭子”，而纯为推销国粹：

“您打麻将吗？”

“不打！”

“天哪！”就见他仿佛吊丧似的一脸悲凄，“别的可以不会，麻将怎能不打？这里面的乐子可大了！您可千万不能不学学。”那说话的样子，又一下成了传教士。

“爱物成癖”不算稀奇，至于成为一种信仰，甚至达到“先天下之忧而忧，后天下之乐而乐”、“惟恐有一只羊走失”的境界，可就真是成迷、成痴了。

对咖啡，我就是痴，而且一迷几十年，未尝稍改其志。

少年时，住在一栋小楼上，楼下住了不少学生。有个印尼侨生每天必煮咖啡，香味穿过长廊直往楼梯上窜，所以在我没碰过咖啡之前，先受过一段时间的熏陶。

有一天过印尼侨生门口，探颈看看，居然获赏半杯，虽然只觉其苦，未感其香，倒是齿颊留芳，余味无穷。“举凡大美的东西，必有境界，而境界必非一朝一夕能得”，我心想，只怪自己还没有品咖啡的境界。

上世纪五十年代，台湾物资还缺，咖啡不是日常饮品，像巧克力般，是奢侈的代名词，除了到“明星咖啡馆”这类专供文人、雅士聚会的地方，能尝到那种“西方中药”，一般商店是不卖这玩意儿的。

直到五十年代末期，才在点心铺看到一种状似方糖的咖啡。外面包装粗拙，印刷也差，想必是南洋产物，就近输入。只是味道不错，冲泡更方便。

热水一杯，将“大方糖”投入，糖化了，里面夹的咖啡精显现，稍稍一搅，便有那醉人的香醇流出，尤其是冬夜酷寒，临窗独坐，徐徐端起咖啡一杯，尚未入口，先一阵香、一团热，冲上眉目之间，那潇洒、那情韵，就已经“够味儿”了。

然后，上了大学，主持“台湾写作协会师大分会”，既然有这么个文艺的头衔，便少不得文艺的气息。记得初掌会务，邀干部七八人，在武昌街的“灯楼”小聚。

“灯楼”恰如其名，处处悬灯若上元佳节，虽都不甚明亮，却昏黄跳动，颇有情致。同学们围坐一圈，各点冰咖啡一杯，一面搅动冰块，一面细细品尝。突然觉得在座诸人，都有了五四健将的丰神。惟一煞风景的，是有个同学，两三下“吸光”，还一个劲地吸空空的杯底，令我这“阮囊羞涩”的社长十分气恼、十分脸红。

咖啡就像茶，宜浅啜，不宜牛饮。只是我这一向懂得浅啜的饮者，竟在巴黎得了番教训。

十七年前，初去欧洲，在巴黎先逛了罗浮宫，再穿过杜维丽公园，到达竖着埃及记功柱的康孜特广场，我口干舌燥地冲进一个咖啡馆。

咖啡端上来，吓一跳，还以为是小孩办“家家酒”的玩意儿，小小一杯，不过一口量，我把侍者叫来，摊了摊手。侍者一笑，也摊了摊手：

“你要大杯的，去美国！”

说实在话，一直到美国之后许多年，我对咖啡都还算门外汉。道理简单：美国人本来喝咖啡就不上路。君不信，尝尝速食店保丽龙大杯咖啡一口，就知道。与其说那咖啡是用来品的，不如说是用来牛饮的。直到我教到一个叫久安的犹太学生，才真开始懂咖啡。

犹太人跟中国人很接近，他们宠孩子，爱吃中国菜，精打细算，而且喜欢送礼。

久安送的礼，不是咖啡豆，是咖啡，每次上课前，现煮了带来。

想必久安也是爱此物成痴，有了“普度众生”的境界。当她看到同班同学一起品尝、赞美的时候，那喜形于色的样子，似乎把上课这件事都忘了。

于是，我不但品尝了讲究的咖啡，而且是在一群“饮者”之间共饮。班上的学生年岁都不小，也自然都有相当的品味，每次咖啡入口，先猜其中的配料、火候，再论色泽香味。久安又存心表现，常换配方，切磋的机会，就更多了。

那年近圣诞，久安来上课，没带热咖啡带了一个电动的煮咖啡器，一包调配好的咖啡豆和一张小纸条。

她把小纸条偷偷塞给我老婆，上面是她的配方。那神秘的样子，仿佛交出了一部《葵花宝典》。

从此，我家有了自产的高级咖啡。每天早晨，诸事未兴，先是磨豆，煮咖啡。电壶用的是过滤的方式，冷水经电热为滚水，由上方小孔落在滤纸托着的咖啡粉上，再滴进保温壶中。

保温壶大，一次可煮十几杯，只是最香的总在刚煮好的第一杯。不过我的工作也愈来愈忙，除了第一杯尝得出滋味，后来的放在手边，随手取饮，常喝得精光，却忘了是怎么喝的。有一次作画，不小心，把毛笔伸进咖啡里，差点弄糟一张佳作。

从此，我总把咖啡放在画桌的边缘地带。

十年前，开始经常返台，台湾当时买滤纸还不方便，只好带了一个黄金滤网回台，黄金的“延展力”大，经过精制，能做成薄如纸的滤网，用完洗净，十分方便。只是每次朋友来访，对那黄金网的兴趣，似乎更过于咖啡。

调制咖啡待友既久，饮者之名传开了，便自然得了许多赠品。有人赴罗马观光，带回号称教父专用咖啡一瓶。也有人去巴厘岛，买回锦盒装三色小咖啡砖一套。最妙的是某教授转赠的咖啡一罐。

那装在大塑料罐中的咖啡，据说是一个印尼侨生的赠品。既是当地土产，又用赠名师，自然是上好的东西。

我接过咖啡，当下打开罐口，用力吸气，没闻到咖啡味，想必是沉潜之物，不可以“表相”观之。

拿回家，立刻烹煮，水呼呼然沸，深黑色浓汁，沥沥然坠，注入杯中，凑近鼻子，再一吸气，还是未有咖啡味。

终于端到唇边，狠狠啜下一口、两口、三口，喝完了，有点像咖啡的颜色，又有些巧克力和可可的味道，虽是好滋味，却仍然不敢说那是咖啡。

直到——

整夜睡不着觉。我猛地坐起，一击掌：“那果然是咖啡！”

咖啡的味道出不出，炒的火候，磨豆的时间，煮的方法都是关键。

豆子炒得焦些，看来黑，尝来苦，譬如French Roast，虽然不宜单独喝，但是调在其他豆子中，就别有一种浓香。所谓咖啡不苦，不叫咖啡，这苦，有时候要“存心去配”。

配综合咖啡，最重要的是“主味”，你可以用中性的摩卡、带酸的“哥伦比亚”，或所谓的极品“蓝山”。只是主味加上苦味，香是香，却不一定厚，也可以说味道嫌薄。虽已经适于行家“品苦”，却不见得能获一般人的青睐。这时候带巧克力和香草味的Chocolate Vanilla，带点心味的Cookies and Cream，或榛子、杏仁香味的Vanill a Hazelnut、chocolate Almond，就是最佳配料了。

至于磨豆，有人必要磨得极细，有的人却求中等，据说极细的味道太直，中等颗粒则香味先出来，杂味仍留在其中，虽然嫌浪费，却有去芜存菁之效。

记得二十年前，台湾有一阵子新闻报道高级咖啡，但见长裙曳地、身披轻纱的女子，手持“虹吸式”咖啡器，婀娜飘到宾客桌前，然后深情款款将局面摆开，再轻身跪下，恭敬料理。咖啡侍候完毕，且将饮用的成套的器皿赠送宾客，甚至有“拍立得”留念者。

咖啡文化随着台湾经济的发展，显然也一飞冲天，而且有技惊世界之举。

是否要妙龄女子“轻拢慢捻抹复挑”，才能煮得好咖啡，我不敢说。但是那种据说由东瀛传来的煮法，确实大有学问。

滚沸的水，因为压力增高被挤入上方的容器，而蒸气仍然通过中间的细管向上喷出。过去用小壶煮咖啡的“直接加热”，而今成了“间接加热”，上下容器之间因为有滤网，当火力减小，咖啡回流之后，又可免去再过滤的麻烦。

爱吃苦，可以加热两次，让水上升两次。吃得淡，可以在水位上升不久，就关掉火苗。

自认为饮中仙的我，自然也不落人后，早早就制备了这么一套工具，丢掉了西方世界的“黄金网”。

只是这种煮法，下面要点酒精灯，水位上升之后必得立即熄火。而我总忘了熄火，于是一个又一个，不知煮坏了多少咖啡壶。

当然，笨人不止我一个，也就有聪明人发明高压蒸气速煮，和全自动的吸取式咖啡壶。美国买不到后者，由台湾带了一具回番邦，洋朋友来访，就更有得“秀”了。

我的咖啡配方，虽然得久安的真传，这十年来也有了许多改变，改的不是我，是负责买咖啡豆的老婆，那改变也常是“无心插柳”。当咖啡店少了我要的豆子时，建议买别种，尝尝不错，便将错就错。于是改了又改，自认已经尝遍了各种配方。

我这咖啡专家之名，想必在咖啡店也传开。偶尔随夫人出马，店中人必报我以神秘的笑：“他们都是知音。”对我佩服之至！我是更自豪了。

由前年开始，我为广电基金做一系列研究，长期的工作压力，使得心跳加快，脖子更是胀得不适。

“只怕有一天，我这惟一的嗜好也得戒了！”我感慨地对老婆说，仿佛叱咤武林的一代宗师，被废了武功一般沮丧，“但是听说咖啡豆也有不含咖啡因的，你是不是打听打听！”

隔了半晌，妻突然笑了起来：

“你几时喝过有咖啡因的？十年来，我都是给你买无咖啡因的。”

我怔住了，不知是喜还是悲。只是不解，为什么许多朋友都说喝多了我的咖啡，一夜睡不着觉。

包括我自己在内。

吾家有子初长成

自从写了《超越自己》，突然成为教子专家，
其实天下父母心皆同，子女心也差不多，
我只是说出一些大家都有的问题，引起许多共鸣而已。
《吾家有子初长成》，是我为杂志撰写的一系列文章，
看来生动有趣，实在是与大家分享我的“头痛时间”。
当然，也开了一些头痛药！

妈妈是女超人，不能叫累！叫累也不能生病！
生病也不能不烧饭！烧的饭一定要好吃！

超级妈妈

故事一

深夜一点钟，从画室走出来，看见儿子正慢条斯理地在吃他的意大利通心面，老婆则两手撑着垃圾袋，站在餐桌前：

“快点吃了！把纸盘丢进来，我好拿出去，明天一清早收垃圾，晚上就得放到马路边！”

儿子懒洋洋地，一副死相地吃完，把刀叉往盘子上一扔，就转身回房了，留下做母亲的，佝着背绑垃圾袋，又打开前门，披一件外套，冒着纽约十一月的霜寒，把袋子拿到路边去。

故事二

深夜一点钟，我跟儿子同吃宵夜，老婆因为身体不舒服，早早就休息了，所以我也只好勉强吃儿子用微波炉做的意大利罐头肉丸面。我先吃完，径自将刀叉拿去洗，并回头对儿子说：

“把脏东西收拾一下，一齐丢到垃圾桶里，楼下也检查检查，有没有垃圾，然后拿出去！”说完就进卧室了。

只听得儿子匆匆忙忙的脚步，楼上楼下地传来，再就是开衣橱和大门的声音，居然没多久，外面的灯光便熄灭了，想必他已及时就寝。

故事三

车房里先传来车子的引擎发动声，跟着，浴室里便响起吹风机的轰轰响，十分钟之后，楼梯上脚步声响起，做母亲的尖声喊：

“快一点！吹个头要吹多久，再不快你就要迟到了！”

又隔了半天，才听见儿子下楼和关车门的声音，以及车子冲出门，急转弯而去的吱吱轮胎摩擦响。想必一路上都在训儿子。

只是当天儿子又迟到了！

故事四

老婆住院，我早上不教课、不开车、不出门，儿子前一晚就发了愁，早早上床，天没亮就轻手轻脚地起床，自己开冰箱，也不知弄了什么东西吃，吹风机响了两分钟不到，就人去楼空。

晚上儿子顶着北风回到家，直喊冷，先问妈妈什么时候出院，吃完饭，急急地去做功课，说是因为巴士来得慢，早上差一点迟到，今天要提前睡，第二天更早起。

临睡又问了一遍："妈妈什么时候出院？"

上面这四个画面，相信是每个家庭都可能经验的，却由其中提供许多值得深思的事。

母亲（也可能是父亲，但多半是母亲，所以本文中以母亲为假设）往往巨细靡遗，对子女照拂得无微不至。在她的心中，即使孩子已经十六七岁，仍然可能会因为鞋带系不好，一脚踏住另一脚的鞋带而跌倒，所以当孩子系鞋带时，她还要目不转睛地看着。

即使有一天她不得不叫孩子自己做事，也要千叮万嘱，惟恐有什么闪失，可以说：她在帮助孩子思考！

在孩子心中，母亲常是无所不能的，她可以早上五点钟起床，做早餐，送孩子上学，自己去上班，经过超级市场买菜，赶回家烧饭、洗衣，催孩子做功课、练琴，记账，打骂着孩子上床，东摸摸、西理理，忙到深夜睡，而第二天——

又是生龙活虎，早上五点多钟就忙里忙外的超级妈妈！

避免我这样过一生

美国电视上有个感冒药的广告：

妈妈一把鼻涕、一把眼泪地说：“妈妈感冒了！”

大儿子、二儿子、大丫头、二丫头、小毛头，加上老公，全傻了眼地问：“我们怎么办？”

于是感冒药画面插入，母亲吃下去。

哗！超级妈妈重显神威，全家人乃大欢喜！（旁白：请服用××牌感冒药！）

问题是，这个超级妈妈会得到怎样的回馈？她会受到子女多大的感激？她又是否能够教育出具有独立人格，且知道孝顺的子女？

答案常是令人失望的——不！不！不！

因为她是超级妈妈啊！她本不该生病，也不需要子女照顾！她既然不需要，我们又何必去照顾她呢！

于是许多子女就这样地被呵护、被帮助思考，成了标准的MAMMY’S BABY！

于是许多母亲就“我这样过一生”！

如何解决这个问题？前面“家庭纪录”的第二、四两例，诚然提供了很好的答案。

愈去爱的人，愈懂得什么叫作爱！

人性有个基本的表现，不是被爱得愈多的人，愈懂得去爱，反而是愈去爱的人，愈懂得什么叫作爱！也可以说：愈是奉献给对方，愈会加深地去爱对方！

我们常会发现，年轻父母养的孩子比较不会回馈父母，因为父母都健在，也仍然像是他的朋友一样，他也不必去操心。相反地，那些老寡母带大的孩子，却常比较孝顺。这是为什么？

因为那些孩子未成年时，母亲已经年老，他一方面需要靠母亲养育，一方面又得随时注意母亲的身体，并帮助母亲，否则老母逝去，或是重病，孩子就会顿失所依。

那孩子既有忧患意识，母子之间，更是相依为命的！那母亲不是单方面付出，而是在孩子未成年时，便已经获得孩子回馈、关心与照顾。套一句《陈情表》中的句子，那是：

“臣无祖母，无以至今日；祖母无臣，无以终余年！”

李密的“孝”，不正是这样来的吗？

此外人性又有另一个基本表现，就是“没有失的‘得’，不觉其得之可贵；失而复得之‘得’，愈觉其可珍”！

相信每个做母亲多年的，都经验过，自己离家多时之后返回，所见到的一双双殷切、盼望而欣喜的眼神。

因为只有当“妈妈离家时”，孩子们才能有时间“反省”母亲在家时的“千般好、万般福”，他们由不方便中，感觉到母爱的伟大与可贵。这时候，当母亲付出时，子女便会比较感恩。只是，感不了多久，便又无感了！

脱下超人的外衣

从以上的讨论中，我们可以得到一个方法，就是当我们希望子女孝顺时，不妨将自己的姿态放低，表现出对子女的需求与倚靠，制造一些机会，让子女付出爱，从而产生更多对父母的爱。

我们应制造机会，让他们不得不自己去管理自己，甚至全家的事，使孩子由困顿当中，增益其所不能，进而知道掌握时间与做事的方法。

听了我的这番话，各位“超级妈妈”们，请不要等以后怨子女的不孝，而趁现在“偶尔”脱下超人的那件印着S的衣服，像是《超人》电影中，装作书呆子型的记者吧！

你将看到奇迹！

孩子赖床，常因为不敢面对今天。
孩子迟睡，常因为今天过得不错。
问题是他们该起不起，该睡不睡，该快不快，该成功没有成功！

掌握时间，就是掌握生命！

——教孩子使用时间的方法

故事一

“快去睡觉了！已经深夜两点，还在搞什么？”

“我在做一份报告，明天最后一天！”

“不是上礼拜就开始做了吗？怎么还没弄完！”

“我要做得特别好！因为前一次得了A++，老师特别夸奖，所以这次要更好！”

看孩子这么求好心切，妈妈只好不说话了。

（第二天早上。）

“怎么还不起床？要迟到了！”

“我不舒服！”

摸摸头，好好地：“是没睡够吧！不是生病！”

“我不敢上学！”

“为什么？”

“因为今天要考英文，我还没准备！考坏就麻烦了！不如在家读书，明天再去补考！”结果：没上学。结果：报告没准时交。结果：补考之后被扣分。

故事二

“春假这一个礼拜，你打算做什么？”

“跟同学看电影Back to the Future II（《回到未来》），去打几场球，给暑假国际营认识的朋友写几封信，温习两个礼拜之后可能考的东西，当然，还有家庭作业。”

母亲想想，嗯……不错！有娱乐、有运动、有郊游、有功课，又有准备，是很好的假期计划！

（春假过后的一个星期天。）

“妈！开车送我去图书馆！”

“有急事吗？”

“有！去借书，借《基度山恩仇记》！”明天要交读书报告——

结果：没借到书，因为同学们都去借这本书。

结果：去买一本，但是报告没写出来，因为书太厚，看不完！

结果：多拖了两天才写成，而下面碰到考试，全砸了！因为假期里念的，已经忘了一大半！

故事三

已经深夜一点钟。

“你在干什么？戴着耳机发愣？”妈妈问。

“我在等着听新闻快报！看看明天会不会下雪，下雪之后会不会停课！”

（二十分钟之后。）

“你在浴室做什么？”

“我在摘隐形眼镜，还有刷牙、洗脸！”

（十五分钟之后。）

“你在做什么？已经一点半了！”

“我在放洗澡水！我在等水满！”

（三十分钟之后。）

“你为什么还不关灯睡觉？已经两点多了！”

“我在收拾书包。”

结果：两点半钟才熄灯。

故事四

“咦？早就看他醒了！怎么还没出来？”母亲过去

敲门。没反应，推开门，居然小子穿好衣裳，却又缩回去睡。“怎么又睡了呢？昨天不是早早就上床了吗？”

“我只是想再躺一下！”说着用被蒙着头。

“混蛋！快点滚起来！”老子怒气冲冲地进来，“又不是睡得晚，为什么赖床？婆婆妈妈的！哪里像个男人？”说着就要动手捶人。

母亲一把挡住：“就让他多睡一下好了！”

“他上礼拜出去旅行，怎么一大早不用人叫就起床了？还有在暑假国际营里，他不是起得比别人都早吗？”老子吼着，“为什么现在要赖床？”

结果：老子捶了儿子一拳，儿子态度恶劣地顶撞两句，父子两天没讲话，而且当天早上儿子又迟到了！

安排时间的比重并善用时间

以上四个情况，是每个家庭都可能经验的，也暴露了许多孩子的问题。

由故事一我们发现孩子常犯一个毛病，就是不知道怎么分配时间。他们可能明天要考三科，却把大部分时间花在准备第一科上，等第一科读完，却已经晚到没时间和精力念下两科。

或是勉强念完，第二天却没精神上学。

他们也可能花不成比例的很多时间，去搞一样东西。问题是这一科的老师不会因为他这一次杰出的表现，就免除以后的功课。别的同学表现虽远不及他，但只要达到应有的水准，也能得到高分。他反倒因为误了其他功课，而在最后遭到挫败。

故事二看来似乎与故事一相同，实际问题出在：孩子不懂得分辨“大时间、小时间”，完整时间与零碎时间。

他们可能用大而完整的假期，做一些每件只需一两小时就能完成的事，却在小而零碎的时间，想要去做需时数日才能做成的“大题目”。这就好比，有了大笔钱却只知道买许多小电器、小摆设、度假游乐的人，到头来没有自己的房子住！

故事三所表现的，是不知道在同一时间做许多事。这种人往往只能单线地使用时间，他不懂得在等车时看杂志、在坐车时背英文单词，甚至在长途的车程中打个盹。如同故事中，那孩子明明可以一边摘眼镜，一面听收音机、等洗澡水；或一边听收音机、等洗澡水，一边收书包。结果他却要一件件分开来做，浪费了两三倍的时间。

白日恐惧症

故事四中，我们需要探讨的则要复杂多了。

请不要认为年轻人起不来床，只是属于懒惰的表现，或单纯地因为前一天的睡眠不足。也不要认为孩子在遇到使他们兴奋的事情时，会自动早起，只是一种现实的表现。

实在年轻人赖床，往往潜在心理上，是不敢面对眼前的一天。父母压力、老师压力、功课压力、同学压力都可能是他的困扰。

正因此，当白天没有压力时，他们早上就比较容易起床。而那些爱赖床的年轻人，晚上往往特别兴奋，而不愿意睡觉。早上脾气不好，有所谓“起床气”的人，放学之后，也多半情绪很好。甚至只要他们背起书包，走出门，看到同学之后，就立刻表现得欣然。凡此，都是同样的道理，如同演员的舞台恐惧症，未上台前，能终日不安，等到真正上台，一下子恐惧全不见了。

孩子在从温暖的被窝和美好的梦境中醒来时，如同大人在长期的假日后，返回工作前一样有着沮丧期。所以当我们发现孩子突然有赖床的毛病，而并非睡眠不足或生理有病时，必须先去了解他们是否有精神上的压力，而加以疏导。但是这一疏导，并非让他们拖下去，或躲避下去，而是使他们能面对现实的挑战，否则他们不但现今有问题，成年之后，也可能有不能面对现实的表现。

我认为对爱赖床的孩子，了解、鼓励与鞭策应该一齐来！而对那些不懂得利用时间的年轻人，我们一方面要教导、分析使用时间的方法，一方面应该留些空间，让他们从错误当中得到教训，一方面更要观察，那些“拖”，是否也导因于“他们不敢面对现实”！

掌握时间，就是掌握生命，更是抓住现实！

孩子要出去住校，你该高兴！
孩子的同学要来家住，你该觉得光荣！
孩子换过不少异性朋友，你该鼓掌，
因为那表示他对异性有了选择力！

男大不中留

——子女步入成熟期，父母应有的态度与调整

故事一

“咱们买一栋有游泳池的房子如何？”某日我对十七岁的儿子说。

“好啊！我赞成。”儿子继续看他的电脑杂志。

“那么你就得进一所比较近的大学，譬如普林斯顿或哥伦比亚，这样才能常在家享用游泳池，对不对？”

“进远处的大学照样可以游泳，哪个学校没有游泳池？”

“可是家里有你专用的更衣室，免费的餐饮，游累了跳上床就可以睡大觉，更不怕在池子里撞到别人！”

“老爸！”儿子总算抬起头，“但是你有没有想到，家里的游泳池边，站的是老爸、老妈，学校游泳池边，站的却是美女啊！”

“……”

故事二

“我儿子经常说有同学家长邀请他去玩，并且留他在那里过夜，又说要把几个同学带回家住，好像家里开旅馆似的！”某日我对美国朋友说。

“那真是好极了！”

“好极了？”我瞪大眼睛，“你说好极了？”

“当然！第一，表示你儿子人缘不错，人品也好，否则哪个家庭会欢迎他去过夜？第二，表示你的家够大，而且够温暖，否则如何留宿别人的孩子？别人又怎么会喜欢到你家去？第三，表示你的孩子够独立，因为不够独立的孩子不懂得做主人，如果孩子到你家过夜，却都是由你这个老爸出面接待，由你太太为他们准备早餐，又在你们的监督下活动，那些十七八岁的大孩子保险会受不了而逃走。所以不论孩子去别人家住，或别的孩子到你家来，对你都是好事，甚至可以帮助你孩子成长！”

“……”

故事三

“谁说女大不中留？我看哪，男大更不中留！”我对系里的同事说，“现在高中还没毕业，已经常常弄到七八点钟才回家，连带使我的健康也大不如前了，因为从前常有儿子下课之后陪着打球、短跑，现在却连谈话的机会都难得！”

“他有他的世界嘛！你总不能叫他永远属于你，你把他生下来，是为了你有个伴，还是为了你有个后？”

“可是在一起十八年，孩子突然上大学离开家，做父母的多寂寞啊！”

“天哪！你不开香槟庆祝，居然还要喊寂寞？”同事从椅子上跳了起来，“我的孩子才十岁，我早就做梦有你这么一天了！夫妻重新回到两个人的自由之身，要去哪里，就去哪里！要在房子的什么地方亲热，都没有人碍眼，这是人生的新阶段，夫妻二度蜜月的开始啊！”

“……”

故事四

深更半夜，夫妻二人正坐在灯下发愁，等儿子打电话来，好去地铁车站接，却听见门外楼梯响，小伙子居然自己回来了，还带着一个细高细高的洋妞。

“我能不能为你们介绍，这是我的女朋友——安娜！”儿子一手把安娜挽了过来，“她妈妈开车送我回来的，正在门口等，我特别把她带进来见见你们。”

“好！好！好！”我们老两口做出笑脸，“把门灯打开，看得清楚！”

第二天一大早，老婆就打电话给她的心理学专家：

“我们有麻烦了！我儿子不但到女朋友家吃饭，见过她一家人，居然还把那女孩子和女朋友的妈妈都带回家来，一副要定了的样子！真正要命的是，我和我先生都不欣赏这女生，而我儿子竟觉得她美若天仙，看样子是坠入了情网，怎么办？”

“你们平常对他交女朋友，管得很严吗？”

“是啊！”

“嗯……那是真麻烦了！因为他缺乏免疫力，没有比较的机会，一朝有大胆的女生主动找上，母猪也成了天仙！”

“那怎么办哪！他如果要娶那个女生，我们一定要改遗嘱，一文也不给他！”老婆急得跳起来。

“对了，你儿子多大啊？”

“十七岁又三个月！”

“那还好，现在只是过渡期。”电话那头开始安抚，“未来机会还多，换了环境，自然可能换对象。话说回来，今天交这种三八野女生反而是好事，既然交过了，就有免疫力。如果你儿子现在二十七岁，可就真麻烦了！”临挂电话，对方又叮嘱，“你们没有骂他吧？记住，少批评！这年龄的男孩子，正义感和反叛性特强，你愈看不上、愈瞧不起，他就愈要！你只当没见过，根本不记得！因为交这种女生，就是要引人注意，你们不注意，他就没意思了！”

教训和启示

以上虽然看来只是笑话式的故事，却在它的真实面背后，告诉我们许多严肃的问题，或启发我们一些现代父母应有的观念：

一、孩子有孩子未来的世界，父母不能以自己的价值观来衡量孩子的选择，也不应该再有养儿防老或养儿作伴的想法，希望孩子永远跟在身边。

二、现代年轻人，如同大人一样，除了在外的交际，也应有在家中招待朋友的权利，或到别人家做客的机会。这种做主人和做客人的经验，可以帮助他独立，并建立较佳的人际关系。

三、利用孩子招待朋友和引见朋友家长的机会，做父母的正可以进一步了解子女交友的品味，并给予适当的导向。

四、夫妻生活的目标，不应过度建筑在子女的身上，在子女未离家之前，就应该开始有心理准备，更进一步建立属于夫妻两人“二度蜜月”的积极人生观。

五、不要完全禁止年轻人交异性朋友，否则他未来不是找了一个母亲型的大女生，继续作MAMMY’S

BABY而难以成熟，就是莫名其妙地以第一个异性朋友作为终生的伴侣，连一些比较的想法都没有，死心塌地爱上对方。所以培养孩子对异性迷惑的免疫力，是每个父母的义务。

六、孩子交了不适当的异性朋友，可以为他做客观的分析，而不要主观地排斥或歧视，免得激起不正常的同情心、正义感和母性，反而陷得更深。尤其不可有过激的反应，而当以冷静的态度来面对。

“自求多福！”不论对做父母或子女的，这句话都很恰当。那些非要为子女造福，或非要子女为父母造福的人，都可能过犹不及！